D0894083

22,957
2004107
BCA

FIDEL CASTRO

MES ANNÉES DE JEUNESSE

AVEC UNE INTRODUCTION
DE GABRIEL GARCÍA MÁRQUEZ

Traduit de l'anglais
par Jean-Louis Morgan

Données de catalogage avant publication (Canada)

Castro, Fidel, 1927-

Mes années de jeunesse

Autobiographie.
Traduction de: My early years.
ISBN 2-7604-0889-2

1. Castro, Fidel, 1927- – Enfance et jeunesse. 2. Cuba – Histoire – 1933-1959. 3. Chefs d'État – Cuba – Biographies.
4. Révolutionnaires – Cuba – Biographies. I. Titre.

F1788.22.C3A314 2003 972.9106'4'092 C2003-941265-2

Titre original: FIDEL MY EARLY YEARS
Photos: OCEAN PRESS
Maquette de la couverture: DANIELLE PÉRET

Infographie et mise en pages: COMPOSITION MONIKA, QUÉBEC

Tous droits de traduction et d'adaptation réservés; toute reproduction d'un extrait quelconque de ce livre par quelque procédé que ce soit, et notamment par photocopie ou microfilm, est strictement interdite sans l'autorisation écrite de l'éditeur.

© 2003, Éditions internationales Alain Stanké
© 1998, Ocean Press
© 1998, Fidel Castro

Les Éditions internationales Alain Stanké
7, chemin Bates,
Outremont (Québec) H2V 4V7
Tél.: 396-5151
Télec.: 396-0440
editions@stanke.com

Stanké international, Paris
Tél.: 01.40.26.33.60
Télec.: 01.40.26.33.60

Dépôt légal:
3er trimestre 2003

ISBN 2-7604-0889-2

Diffusion au Canada: Québec-Livres
Diffusion hors Canada: Vivendi (VUP'S)

TABLE DES MATIÈRES

FIDEL CASTRO RUZ

Fidel Castro Ruz est né le 13 août 1926 à Birán, dans l'ancienne province d'Oriente. Il est issu d'une famille très aisée de propriétaires terriens et c'est dans des écoles privées catholiques de Santiago de Cuba, réservées à l'élite, qu'il a reçu son éducation. Il a obtenu son diplôme de droit de l'Université de La Havane, en 1950.

Après avoir fait partie d'un groupe d'étudiants d'université qui luttaient contre la corruption politique, Castro devient membre du Parti du peuple cubain – aussi connu sous le nom de « Parti orthodoxe » – en 1947 et en devient le chef de la faction la plus à gauche. Cette même année, il se porte volontaire pour une expédition armée qui devait faire tomber le gouvernement Trujillo en République dominicaine. Cependant, ces combattants n'ont jamais pu quitter Cuba pour mener à bien leur mission. En tant que chef d'une organisation étudiante, Castro est allé au Venezuela, au Panama et en Colombie pour aider à organiser un congrès anti-impérialiste d'étudiants latino-américains dont la tenue devait coïncider avec la création de la conférence de l'Organisation des États américains, commanditée par les États-Unis. Lors de son passage en Colombie en avril 1948, Castro a participé à l'insurrection civile qui a eu lieu à Bogotá.

Après le coup d'État de Fulgencio Batista, en mars 1952, Castro a commencé à mettre sur pied une organisation révolutionnaire dans le but de fomenter une insurrection armée contre la dictature de Batista, soutenue par les États-Unis. Il a organisé et mené un assaut qui s'est avéré un échec contre la caserne militaire Moncada, à Santiago de Cuba, le 26 juillet 1953. Il y fut capturé, ainsi que deux douzaines d'autres assaillants. Ils furent jugés, reconnus coupables et emprisonnés. Plus de soixante révolutionnaires ont été assassinés par l'armée de Batista pendant et après l'attaque contre la caserne Moncada. Pendant son séjour en prison, Castro a fait publier le discours qu'il avait écrit pour sa défense sous la forme d'un manifeste intitulé «L'histoire m'acquittera». Des dizaines de milliers d'exemplaires de ce document furent distribués à la population et ce texte devint le manifeste du mouvement révolutionnaire. Fidel Castro avait été condamné à purger 15 ans de prison, mais à la suite d'une campagne populaire de plus en plus mouvementée, lui et ses compagnons furent graciés en 1955, après avoir passé 22 mois sous les verrous. Le 7 juillet 1955, Castro quitta Cuba pour se rendre au Mexique. Dans ce pays, il commença à organiser une expédition révolutionnaire vers Cuba, destinée à provoquer une insurrection armée. Le 2 décembre 1956, Castro ainsi que 81 autres combattants, parmi lesquels se trouvaient son frère Raúl, Che Guevara, Camilo Cienfuegos, Juan Almeida et Jesús Montané, atteignirent la côte cubaine à bord d'un cruiser, le *Granma*. Au cours des deux années suivantes, Castro dirigea les opérations de l'armée insurgée, en plus de continuer à être le chef du Mouvement du 26 juillet. Après un revers initial, les guérilleros réussirent à se réorganiser et, à la fin de l'année 1958, leur lutte s'était étendue de la Sierra Maestra à l'ensemble de l'île.

Le premier janvier 1959, Batista prit la fuite. En réponse à un appel de Castro, des centaines milliers de Cubains déclenchèrent une grève générale insurrectionnelle qui assura la victoire de la révolution. Castro entra triomphalement dans La Havane le 8 janvier 1959, en qualité de commandant en chef de ses guérilleros. Le 13 février 1959, il était nommé premier ministre, un poste qu'il conserva jusqu'en décembre 1976, alors qu'il devint président du Conseil d'État et du Conseil des ministres.

Il a occupé le poste de premier secrétaire du Comité central du Parti communiste cubain dès sa fondation, en 1965.

BULLETIN DE FIN D'ÉTUDES SCOLAIRES DE FIDEL CASTRO

Collège de Belén, La Havane, 1945

FIDEL CASTRO RUZ

1942-1945

Il a toujours excellé dans tous les sujets en relation avec les arts et les lettres et s'est toujours montré un étudiant exemplaire et un membre hors pair de notre communauté. Il a été un athlète remarquable, se battant toujours avec courage et fierté pour défendre les couleurs de notre école. Il a su gagner l'admiration et l'affection de tous. Il va étudier le droit et nous ne doutons pas un seul instant qu'il se fera un nom. Fidel possède tout ce qu'il faut pour devenir une personnalité de premier plan.

PRÉFACE

Des dizaines de biographies de Fidel Castro ont été publiées dans toutes les langues pendant les quarante ans de la révolution cubaine, cherchant à révéler la personnalité de l'homme dont «le visage couvert de barbe est l'un des plus connus du monde moderne[1]». Ce livre est unique, parce qu'il présente le premier recueil de portraits autobiographiques de Fidel Castro, un homme qui s'est toujours montré très discret sur sa vie privée, particulièrement sur ce qui touchait son enfance et son adolescence.

À l'âge de 26 ans, il a mené un groupe de 160 jeunes combattants armés à l'assaut de la caserne Moncada, à Santiago de Cuba, tout en engageant une action armée simultanée qui devait les appuyer à Bayamo. Le but de cette action était d'allumer la mèche d'une insurrection populaire dirigée contre le général Batista, qui s'était emparé du pouvoir lors d'un coup d'État militaire le 10 mars 1952. La majorité des jeunes révolutionnaires qui n'avaient pas été tués lors de l'attaque furent capturés et torturés.

Diplômé en droit quelques années avant ces événements, Fidel fut gardé en isolement pendant la plus grande partie de son emprisonnement et put préparer sa défense lui-même. Il profita de sa comparution devant les tribunaux pour témoigner en faveur d'un changement révolutionnaire à Cuba et conclut avec cette déclaration provocante: «Condamnez-moi. Cela n'a aucune importance: l'histoire m'acquittera!»

Qui était donc ce jeune homme qui avait fait une entrée aussi spectaculaire sur la scène cubaine et, par la suite, sur la scène politique internationale, où il occupe, encore aujourd'hui, une place importante?

Un rapport des services secrets des États-Unis datant de 1947 décrit Fidel Castro, alors étudiant en droit, comme étant «l'exemple typique du jeune Cubain de bonne famille qui, faute d'avoir été bien élevé, porte en lui tout ce qu'il faut pour devenir un criminel accompli[2]».

Dans ce livre, Fidel Castro nous parle de ses antécédents familiaux, de son enfance, de l'éducation qu'il a reçue dans les écoles catholiques privées réservées à l'élite, des influences religieuses et morales qui l'ont amené à s'engager très jeune en politique.

Ce livre couvre l'époque qui va jusqu'à la fin de sa vie universitaire ainsi que le coup d'État de Batista, en 1952. Castro nous a lui-même confié que son parcours personnel et politique était déjà fixé à ce moment-là – bien avant l'attaque contre la caserne Moncada. «Avant le 10 mars [date du coup d'État de Batista], j'avais déjà acquis la certitude qu'il fallait organiser un mouvement révolutionnaire et j'étais prêt à engager mon poste de député et mes ressources dans ce but-là[3].»

C'est pour ces raisons que le livre *Mes années de jeunesse* se concentre sur les années de formation de Fidel Castro et donne un aperçu de lui en tant que jeune garçon et, comme il s'est lui-même défini, de «jeune rebelle». Castro y parle de sa vie d'étudiant à l'Université de La Havane, alors que des bandes de nervis organisaient la vie politique des étudiants. Il nous fait également part de ses premières idées sur la lutte armée, de ses voyages en Amérique latine en qualité d'organisateur de mouvements étudiants internationaux; de sa participation dans des mouvements de solidarité anti-impérialistes américains en Amérique latine; de sa toute première expérience lors d'une insurrection populaire en Colombie, en 1948; et de ses premières années en tant qu'avocat et activiste politique.

Peu de temps après la révolution cubaine de 1959, des journalistes et des écrivains venus de partout dans le monde se retrouvèrent à Cuba pour essayer de découvrir qui était le «véritable» Fidel Castro, mettant tout en œuvre pour essayer de décrocher une illusoire faveur – un entretien avec l'homme en personne. Lee Lockwood, un journaliste et photographe, a déclaré que «si Fidel est un ennemi aussi dangereux pour les États-Unis qu'on le prétend, il devient alors impérieux d'en connaître le plus possible sur lui. Et, que l'on soit ou pas d'accord avec lui, la meilleure façon de commencer à le comprendre, c'est d'écouter ce qu'il a à dire[4]».

Lionel Martin, le correspondant du *Washington Post*, fut l'un des premiers journalistes à s'intéresser aux débuts de Fidel Castro; il a fait remarquer avec une pointe d'humour, que «les notes obtenues par Castro lors de ses examens finaux en droit révélaient l'orientation qu'il donnerait à sa vie. Il a reçu la mention "excellent" (*sobresaliente*) en droit du travail, mais un simple "passable" *(aprovechado)* en droit immobilier et foncier[5]». Ses notes démontraient donc le socialiste convaincu qu'il était.

À la fin des années 1980 et au début des années 1990, dans la foulée de la chute de l'Union soviétique et des pays du bloc socialiste, une nouvelle vague de biographies laissait entrevoir la démission immédiate de Fidel Castro et la fin de la révolution cubaine. L'une des biographes les plus féroces, Georgie Anne Geyer, a déclaré: «Le monde entier continue de définir le mystérieux Fidel Castro de milliers de façons différentes, toutes plus fantaisistes les unes que les autres. On en a fait le Napoléon des pays sous-développés, le chef du premier parti fasciste d'extrême gauche de l'histoire, un caudillo psychopathe, un caudillo socialiste, Jésus-Christ redescendu sur terre, un souteneur vieillissant, un cow-boy solitaire, un colporteur du socialisme, la somme de tous les dictateurs, la somme de tous les princes, la somme de tous les révolutionnaires, un démocrate avorté, un communiste, un cacique galicien, le Prince de Machiavel, un guérillero classique de Francisco Franco, un évêque du temps de l'Inquisition, le Protée des Caraïbes, un nouveau type d'acteur sur la scène mondiale, un communiste dynastique, le calotin des complexes du tiers-monde, le prototype du nouveau tiers-monde, un salopard d'opportuniste[6]... » Geyer a écrit une épitaphe sur Castro le décrivant comme étant vraiment « le dernier des communistes ».

Andres Oppenheimer est allé encore plus loin dans un livre intitulé *Castro's Final Hour: The Secret Story Behind the Coming Downfall of Communist Cuba* (La dernière heure de Castro: l'histoire cachée derrière la chute prochaine du communisme à Cuba). « Ce livre, écrit Oppenheimer en janvier 1992, n'essaie pas de prédire comment Fidel Castro finira par dégringoler ni le temps que cela prendra, car cela pourrait être une question de semaines ou... d'années[7]. »

Et pourtant, Castro a survécu à tout cela, et le peuple cubain semble être en train de récupérer des graves contrecoups économiques qui ont secoué l'île au cours des dernières années. Raúl Castro avait fait un jour cette remarque: « Le plus important trait de caractère de Fidel est qu'il n'accepte pas la défaite[8]. »

Tad Szulc, l'auteur d'une des biographies les plus connus de Castro, a fait le commentaire suivant: « L'histoire cubaine et l'histoire mondiale auraient certainement évolué de manière différente si cette seule personne n'avait pas été aussi décidée dans ses actions et si elle n'avait pas eu autant de chances qu'elle en a eu. La chance dont Fidel Castro a bénéficié au cours de sa vie est un thème qui revient toujours[9]. » Comme le montre le livre *Mes années de jeunesse*, Castro aurait pu perdre la vie au cours d'une foule d'événements, et cela bien avant l'audacieuse attaque contre la caserne Moncada en 1953 et le quasi-désastre de l'expédition du *Granma*, lancée depuis le Mexique en 1956.

Influences politiques

On a toujours beaucoup spéculé sur l'évolution politique de Fidel Castro, en particulier sur ses relations avec le Parti communiste cubain et son adhésion aux principes marxistes. Fidel Castro a expliqué comment s'étaient formées ses idées politiques lors d'un échange d'idées sans précédent qu'il a eu avec des étudiants de l'Université de Concepción du Chili, en novembre 1971, pendant le gouvernement du président Salvador Allende.

> J'étais le fils d'un propriétaire terrien – c'était là une première raison pour devenir réactionnaire. J'avais reçu une éducation dans des écoles religieuses destinées aux enfants de la classe supérieure – une autre raison de me montrer bourgeois et rétrograde. Je vivais à Cuba où tous les films, tout ce qui était publié et tous les médias d'information étaient *made in U.S.A.* – une troisième raison pour faire partie de la réaction. J'ai étudié dans une université où seulement trente des milliers d'étudiants étaient des anti-impérialistes et je suis devenu l'un d'entre eux. Lorsque je suis entré à l'université, je suis arrivé là comme le fils d'un grand propriétaire terrien et, ce qui empirait les choses, je ne connaissais rien à la politique[10].

Il continue en décrivant comment il a commencé à se poser des questions au sujet du système social après avoir lu un livre sur «l'économie politique bourgeoise». Engendrées par la surproduction, les crises régulières au sein du capitalisme sont causées de façon inexorable par des lois naturelles et immuables de notre société et de la nature. On a toujours dit que les crises dues à la surproduction arrivent inévitablement, entraînant dans leur sillage le chômage et la famine. Ainsi, les ouvriers continuent à avoir froid et faim, malgré le fait qu'il y ait surproduction de charbon.

Ce fils de propriétaire terrien, qui avait été élevé dans des écoles bourgeoises et avait été soumis à la propagande des

États-Unis, a commencé à comprendre qu'il y avait quelque chose de mauvais dans le système, et que ce système n'avait pas beaucoup de sens[11]. Castro a affirmé qu'il se considérait particulièrement chanceux d'avoir été le fils et non le petit-fils d'un propriétaire terrien.

> En tant que fils d'un propriétaire terrien qui s'enrichissait, j'ai au moins eu le grand avantage de vivre à la campagne et de me mêler à des paysans, à des personnes d'origine modeste qui, tous, furent mes amis. Si j'avais été le petit-fils d'un grand propriétaire terrien, il est fort probable que ma mère m'aurait emmené vivre dans un quartier huppé de la capitale. Ce milieu aurait favorisé l'égoïsme et ces autres traits de caractère qui s'y rattachent. Fort heureusement, mon école a permis que se développent chez moi quelques éléments positifs: une rationalité un tant soit peu idéaliste et une notion du bien et du mal – toutes choses très simples et très élémentaires. J'ai également développé un sens de la justice, un esprit rebelle contre ce qui nous est imposé et contre l'oppression en général. Cela m'a permis d'analyser la société dans laquelle nous vivons et de prendre conscience de ce que j'étais véritablement: un communiste utopique. À cette époque-là, je n'avais pas encore eu la chance de rencontrer un communiste ou de lire des écrits communistes.
>
> Puis, un beau jour, un exemplaire du *Manifeste du Parti communiste* m'est tombé dans les mains. J'ai alors lu certaines phrases que je n'oublierai jamais, des phrases qui disaient que la bourgeoisie nous accuse de vouloir abolir la propriété privée, alors qu'en vérité la propriété privée a été abolie pour les neuf dixièmes de la population, qu'elle ne peut exister que pour le dixième qui reste et qu'elle n'existe tout simplement pas pour les autres...
>
> Quelles phrases extraordinaires! Quelles vérités! Celles-ci se vérifiaient chaque jour. Et il ne s'agissait là que d'un

échantillonnage de phrases. Le passage du *Manifeste*, où sont analysées les différentes classes de la société, entre autres choses, fut une révélation pour moi, le communiste utopique qui pensait que le monde ne pouvait fonctionner que d'une certaine façon: de façon rationnelle. J'avais été bien loin d'imaginer la société comme étant le résultat d'une évolution, le produit des lois de l'histoire et de la dialectique plutôt que des lois inaltérables.

Quand j'ai compris l'origine de la société et des divisions entre les classes, cela m'a tellement convaincu que j'ai été comme foudroyé et enthousiasmé par ces idées. Cependant, cela ne signifiait pas pour autant que j'étais un communiste, loin de là.

Mon cerveau foisonnait d'idées, mais je n'étais membre d'aucun parti. Je m'étais endoctriné moi-même. Je ne savais pas exactement ce que signifiait le mot «impérialisme». Je n'avais pas encore lu *L'État et la révolution* ou *L'impérialisme, stade suprême du capitalisme* – deux livres fantastiques écrits par Lénine –, qui ont jeté une certaine lumière dans la forêt d'idées dans laquelle je vivais. En fait, j'avais l'impression d'être un tout petit animal qui venait de naître dans une grande forêt, un tout petit être qui ne comprenait rien à son environnement. Et, tout à coup, c'était comme si l'on m'avait donné une carte de cette forêt, avec une description géographique et tout ce que l'on pouvait y trouver. C'est à ce moment précis que j'ai eu des repères sans lesquels nous ne serions pas où nous en sommes aujourd'hui. C'est là que l'on voit à quel point les idées de Marx étaient justes! Nous ne serions tout simplement pas ici!

Et maintenant, peut-on dire que j'étais communiste? Non. J'étais un homme qui avait eu la chance de découvrir un certain nombre d'idées et qui s'est trouvé pris dans le tourbillon des crises politiques cubaines bien avant de devenir un communiste accompli. Je me trouvais au milieu de ce tourbillon avant même de me faire recruter. Je me suis recruté tout seul et j'ai commencé la lutte[12].

Fidel Castro a toujours insisté sur le fait qu'il n'avait été endoctriné «par aucun membre du parti communiste, socialiste ni extrémiste[13]», mais que les deux influences politiques majeures qu'il avait reçues, provenaient des œuvres du héros révolutionnaire cubain José Martí, et des écrits de Karl Marx.

Ce livre, tout en nous faisant découvrir les influences d'ordre intellectuel, moral et politique du jeune Fidel, nous fait également découvrir le caractère unique de la révolution cubaine, un processus dans lequel Castro a joué un rôle clé.

Fidel Castro et Che Guevara

Les donnés autobiographiques de ce livre nous permettent d'imaginer facilement comment Fidel Castro et un jeune intellectuel insurgé provenant d'une famille aisée originaire d'Argentine, Ernesto Guevara, ont pu développer une relation quelques années plus tard, en juin 1955. À la suite de leur première rencontre, Guevara a décidé de se jeter à fond dans la révolution cubaine. Le Che venait d'avoir 27 ans, et Fidel avait presque 29 ans.

«Ils étaient de la même génération, mais leurs identités pratico-idéologiques, qui devaient s'approfondir au fur et à mesure que le temps passait, étaient plus importantes que les coïncidences qui les unissaient», nous rappelle Jesús Montané, un ancien de la révolution cubaine qui vivait dans l'entourage du Che et de Fidel au Mexique. Montané décrit «la sympathie qui s'est développée spontanément entre eux» et nous raconte qu'ils affichaient «le même tempérament et la même personnalité[14]».

Décrivant sa première rencontre avec Castro, Guevara dit à Ricardo Masetti: «J'ai parlé avec Fidel pendant toute la nuit.

Lorsque le soleil s'est levé, j'étais devenu le médecin de sa future expédition. En fait, après tout ce que j'avais vécu lors de mes longues pérégrinations à travers l'Amérique latine et après ma dernière expérience au Guatemala, je n'avais pas besoin que l'on me parle longuement pour me persuader de me joindre à un mouvement révolutionnaire contre un tyran, mais Fidel m'a donné l'impression d'être un homme extraordinaire. Il s'attaquait à des choses impossibles et les menait jusqu'au bout. Il était absolument convaincu que s'il quittait Cuba, il parviendrait à réaliser quelque chose. Une fois qu'il aurait atteint son premier objectif, il se battrait et, en se battant, il remporterait la victoire. Je partageais son optimisme[15]. »

Un lien formidable s'est donc développé entre ces deux jeunes gens, semblables à plusieurs égards bien qu'originaires de deux endroits opposés du continent sud-américain.

Deborah Shnookal, éditrice, et Pedro Álvarea Tabío, directeur du Bureau des publications du Conseil d'État de Cuba, ont fait la sélection des textes et se sont chargés de publier ce livre. Ils ne prétendent pas que ce livre constitue l'autobiographie définitive des années de jeunesse de Fidel Castro, car il y a encore des lacunes à combler, et sans doute de très importantes. Il appartient au lecteur de décider de sa façon d'évaluer les souvenirs personnels de Castro qui se trouvent présentés ici.

Ce livre a tout simplement pour but de permettre à l'un des personnages politiques les plus controversés du vingtième siècle de s'exprimer. Dans cette optique, *Mes années de jeunesse* devrait être un livre de référence pour quiconque veut comprendre un peu mieux Fidel Castro et la révolution cubaine.

Mes années de jeunesse reprennent deux extraits d'une discussion sur une grande variété de sujets que Castro a eue avec un dominicain brésilien, Frei Betto, en mai 1985, à La Havane. Betto, un écrivain, théologien de la libération, en a profité pour poser au chef cubain des questions très personnelles sur son enfance, sur l'éducation qu'il avait reçue, sur les influences morales et religieuses qu'il avait subies et sur une foule d'autres sujets.

Castro, qui est bien connu pour sa réticence à se soumettre à des interviews touchant sa vie privée pour fins de publication ou de commercialisation, a accepté de répondre aux questions du religieux avec une candeur et une transparence remarquables. L'entretien que Betto a eu avec Castro a été publié dans un livre intitulé *Fidel and Religion*[16]. Il s'agit du rapport le plus complet jamais publié sur les années de jeunesse de Castro. Ce livre est devenu un best-seller et a été traduit en plusieurs langues.

Les deux autres extraits que nous avons inclus ne sont guère connus et l'un d'entre eux est publié dans ce livre pour la première fois en français.

Le 4 septembre 1995, Fidel Castro a prononcé une allocution dans la *Aula Magna*, le grand amphithéâtre de l'Université de La Havane, où il avait fait son droit et où il avait entrepris sa carrière politique. Dans son discours, Fidel raconta comment, exactement 50 ans plus tôt, il était entré à l'université «dénué de la moindre notion de politique», mais comment il avait vite appris à se débrouiller pour survivre dans un milieu où des gangs qui ressemblaient à la mafia contrôlaient les étudiants en matière de politique[17].

L'interview de Fidel Castro, recueillie par le journaliste colombien Arturo Alape sur son vécu pendant l'insurrection populaire qui eut lieu en Colombie en 1948, souvent surnommée *El Bogotazo*, est publiée en français dans ce livre pour la première fois[18]. Cette entrevue, qui eut lieu en 1981, nous décrit la prise de conscience du jeune Fidel sur la nécessité d'une unité en Amérique latine. Elle témoigne également de sa moralité exemplaire, de son grand courage et de son inébranlable confiance en lui – en dépit du fait qu'il n'avait que 21 ans à l'époque.

L'introduction de Gabriel García Márquez a été publiée à l'origine aux Éditions Ocean Press, sous le titre *An Encounter with Fidel*, par Gianni Minà.

Nous remercions Mary Todd pour les traductions qu'elle a faites des extraits du livre de Frei Betto, *Fidel and Religion*, et pour celle de l'entrevue d'Alape et de Fidel Castro en Colombie.

Deborah Shnookal
Juin 1998

UN PORTRAIT PERSONNEL DE FIDEL

Par Gabriel García Márquez

En parlant d'un visiteur étranger qui l'avait accompagné pendant toute une semaine dans une tournée à travers Cuba, Fidel Castro a dit: «C'est incroyable comme cet homme peut parler... Il parle encore plus que moi!» Il suffit de connaître un tout petit peu Fidel Castro pour réaliser qu'il exagère – et même beaucoup –, car il est strictement impossible de trouver quelqu'un qui soit plus passionné par la parole que lui.

L'engouement de Castro pour la parole est presque magique. Au début de la révolution cubaine, à peine une semaine après son entrée triomphale dans La Havane, il a fait un discours télévisé qui a duré sept heures consécutives, sans une seule pause. Il s'agit certainement d'un record mondial. Durant les premières heures de ce discours, la population de La Havane, qui n'était pas encore habituée au pouvoir hypnotique de sa voix, était restée assise à l'écouter de la façon la plus traditionnelle. Mais au fur et à mesure que le temps s'écoulait, elle reprenait petit à petit ses occupations, avec un œil sur ce qu'elle avait à faire et une oreille au discours.

J'étais arrivé la veille avec un groupe de journalistes de Caracas et nous avons commencé à écouter le discours dans nos chambres d'hôtel. Nous avons ensuite continué à l'écouter sans interruption dans l'ascenseur, dans le taxi qui nous conduisait au quartier des affaires, sur les terrasses des cafés couvertes de fleurs, dans les bars où on gelait à cause de l'air climatisé et même en marchant dans la rue, car le discours nous arrivait de toutes les fenêtres ouvertes. À la fin de l'après-midi, nous avions fait tout ce que nous avions à faire sans perdre un seul mot du discours.

Deux choses ont vraiment attiré l'attention de tous ceux qui l'écoutaient pour la première fois: cet incroyable pouvoir de séduction qu'il exerçait sur son auditoire, et la fragilité de sa voix. Il avait une voix rauque qui, de temps en temps, se réduisait à un simple murmure. Après avoir constaté à quel point la voix de Castro était éraillée, un médecin en était arrivé à la conclusion qu'il la perdrait s'il s'entêtait à faire ces discours marathons qui coulaient comme les eaux de l'Amazone. Très peu de temps après, en août 1962, ce pronostic semblait s'être confirmé lorsque Castro perdit la voix après avoir prononcé le discours qui annonçait la nationalisation des sociétés américaines. Ce problème ne se posa plus par la suite, et vingt-six ans se sont écoulés depuis. Fidel Castro vient d'avoir 61 ans[19]; sa voix est toujours aussi peu assurée qu'avant, mais elle continue d'être son instrument le plus utile et le plus irrésistible dans sa façon d'utiliser la parole.

Pour Castro, un entretien de trois heures est tout à fait normal. Et une journée passe très vite lorsqu'elle comporte plusieurs conversations d'une telle durée. Son profil ne correspondant pas à celui du chef d'État traditionnel, assis derrière son bureau, Castro préfère dénicher les problèmes là où ils se trouvent, et on peut le voir au volant d'une voiture banalisée, loin du vrombissement des motos qui l'escortent, se faufilant aux détours des rues désertes de La Havane ou tout simplement roulant sur une route de campagne, à toute heure, souvent même avant le lever du soleil. Tout cela a fait grandir une légende qui court à son sujet: celle d'un être solitaire, d'un insomniaque sans conventions préétablies, d'une personne qui possède un piètre sens de l'organisation et qui peut fort bien arriver chez quelqu'un en début de soirée et y rester jusqu'au lendemain matin, empêchant son hôte de dormir.

Il y avait un certain fond de vérité dans tout cela, du moins pendant les premiers temps de la révolution, parce que Castro avait gardé beaucoup des habitudes qu'il avait contractées au temps où il vivait dans la Sierra Maestra. La raison n'était pas imputable à ses incessants déplacements, mais plutôt parce qu'il n'a pas eu de maison à lui ni de véritable bureau pendant plus de quinze ans. Il n'avait pas de routine. Le siège du gouvernement se trouvait là où il était, et son pouvoir s'ajustait aux situations que lui faisaient vivre ses vagabondages. Il en est tout autrement à l'heure actuelle. Castro a finalement mis un peu d'ordre dans sa vie, sans toutefois rien perdre de sa légendaire impétuosité. Auparavant, les jours et les nuits passaient sans qu'il prenne de repos, si ce n'est que quelques petites siestes par-ci par-là. À présent, il essaie de s'astreindre à un minimum de six heures de sommeil ininterrompu par jour, mais lui-même ne sait pas quand il les prendra. Dépendamment des événements, ses heures de sommeil peuvent être prises aussi bien à dix heures du soir qu'à sept heures du matin le lendemain.

Castro consacre quelques heures par jour à un travail routinier dans ses locaux de la présidence du Conseil d'État. Son bureau est bien rangé. On y trouve des fauteuils en cuir brut et une étagère qui reflète ses goûts, puisqu'on y trouve des traités sur la culture hydroponique et des romans d'amour. Il fumait la moitié d'une boîte de cigares par jour, mais il a abandonné cette habitude, tout simplement pour donner l'exemple à la population de ce pays où Christophe Colomb a découvert le tabac, un produit qui est encore l'une des plus importantes sources de revenus de Cuba.

La facilité déconcertante avec laquelle il prend du poids le force à suivre un régime en permanence. Il fait là un sacrifice énorme, car il a un appétit féroce et il est toujours à la recherche de nouvelles recettes qu'il aime préparer lui-même avec une ferveur toute scientifique. On raconte qu'un certain dimanche, il a un peu dépassé les bornes: après avoir englouti un repas plus que copieux, il prit comme dessert dix-huit boules de crème glacée. Toutefois, en temps normal, quand la faim survient – et cela, à n'importe quel moment de la journée –, il préfère manger un filet de poisson accompagné de légumes bouillis. Il se maintient en excellente condition physique en faisant plusieurs heures de culture physique par jour et en pratiquant la natation. Il se limite à un verre de whisky par jour, qu'il boit par toutes petites gorgées. Il a aussi réussi à contrôler son faible pour les spaghettis, qu'il a appris à préparer grâce au premier nonce apostolique venu s'établir à Cuba après la révolution, Mgr Cesare Sacchi. Ses colères passagères mais homériques sont maintenant choses du passé, et il contient dorénavant ses sautes d'humeur avec une patience inébranlable.

En résumé, il a une discipline de fer. Pourtant, cela ne suffit jamais, car le manque de temps lui impose un horaire irrégulier et la puissance de son imagination peut l'emporter n'importe où. Lorsque vous êtes avec lui, vous savez d'où vous partez, mais vous ne savez jamais où vous allez aboutir. Il n'est pas inhabituel que vous vous retrouviez, en pleine nuit, en train de voler vers une destination secrète pour être garçon d'honneur à un mariage, pêcher le homard en haute mer ou alors goûter les premiers fromages de type français fabriqués à Camagüey.

Voilà bien longtemps, il a déclaré: «Il est aussi important d'apprendre à se reposer que d'apprendre à travailler.» Les méthodes qu'il utilise pour se reposer sont pour le moins originales et n'excluent pas la conversation. Je me rappelle qu'une fois il a quitté une session de travail très intense vers minuit; il affichait alors des signes manifestes d'épuisement. Il est revenu un peu avant le lever du soleil; il avait totalement récupéré de sa fatigue, après avoir fait une ou deux heures de natation. Les réceptions privées ne conviennent pas à sa personnalité, et il est l'un des rares Cubains qui ne chante ni ne danse. Lorsqu'il se rend à une réception, la nature de celle-ci change dès son arrivée, mais il ne s'en rend sans doute pas compte. Il est possible qu'il ne soit pas conscient du pouvoir que sa présence impose, une présence qui semble remplir instantanément tout l'espace, et ce, en dépit du fait qu'il ne soit ni aussi grand ni aussi corpulent qu'il en a l'air. J'ai vu les personnes les plus sûres d'elles perdre toute contenance en sa présence. Elles essayaient d'avoir l'air calme ou affichaient une confiance exagérée, sans même s'imaginer un seul instant que Fidel était aussi intimidé qu'elles et qu'il devait, du moins au début, faire un effort qu'elles ne remarquaient sans doute même pas. J'ai souvent pensé que cette habitude qu'il a d'utiliser la première personne du pluriel quand il parle de ce qu'il a fait ne relève pas, comme on pourrait le croire, de la folie des grandeurs, mais plutôt d'une façon poétique de dissimuler sa timidité.

Immanquablement, quand Castro entre dans une pièce, on arrête de danser, la musique se tait, on retarde le repas et tout le monde se rassemble autour de lui pour participer à la conversation qui commence immédiatement. Il peut rester ainsi, debout pendant de longues heures, sans boire ni manger. Il lui arrive, avant d'aller se coucher, d'aller frapper à la porte d'un ami chez qui il peut faire son apparition sans prévenir. Il lui affirme alors qu'il ne restera que cinq minutes, et il le dit avec tant de sincérité qu'il ne prend même pas la peine de s'asseoir. Après un certain temps, stimulé par la conversation, il s'effondre dans un fauteuil, s'étire les jambes et dit: «Je me sens comme un homme neuf.» Il est comme cela: lorsqu'il est fatigué de parler, il se repose en parlant.

Un jour, il a déclaré: «Lors de ma prochaine réincarnation, je voudrais être un écrivain.» En fait, il écrit très bien et il aime écrire. Il écrit, même dans une voiture en mouvement, dans l'un des nombreux calepins qu'il garde toujours à proximité pour noter tout ce qui lui passe par la tête, ou tout simplement pour rédiger des lettres. Ce sont des calepins bien ordinaires avec des couvertures en plastique bleu; au fil des années, ils se sont accumulés dans ses dossiers personnels. Son écriture est fine et élaborée, bien qu'au premier coup d'œil, on ait l'impression que ce soit l'écriture d'un écolier. Sa façon d'approcher l'écriture tient du professionnel. Il corrige plusieurs fois les phrases qu'il écrit, les barre, les réécrit dans la marge, et il n'est pas rare qu'il cherche le mot précis pendant plusieurs jours, consulte des dictionnaires ou demande de l'aide autour de lui jusqu'à ce qu'il ait trouvé exactement ce qu'il cherchait.

Au cours des années 1970, il a pris l'habitude d'écrire ses discours, mais avec une telle lenteur et d'une façon tellement méticuleuse qu'ils en devinrent pratiquement mécaniques. Son excès de zèle les gâchait complètement. On avait l'impression que la personnalité de Fidel Castro avait changé quand il les lisait: son ton était différent, ainsi que son style et la qualité de sa voix. Lorsqu'il se trouvait Place de la Révolution, devant un demi-million de personnes, il suffoquait littéralement dans la camisole de force de ses écrits et, dès qu'il en avait la possibilité, il s'éloignait du texte. Il arrivait à l'occasion que les personnes qui avaient dactylographié celui-ci aient commis des erreurs. Plutôt que de passer par-dessus celles-ci, il s'arrêtait de parler et prenait son temps pour corriger le texte au stylo à bille. Il n'était jamais satisfait. Malgré tous les efforts qu'il déployait pour rendre ses discours un peu plus vivants et le fait qu'il y parvenait dans la majorité des cas, ceux qui étaient préparés et écrits d'avance le frustraient. Ils exprimaient tout ce qu'il voulait dire et le faisaient peut-être mieux que s'il avait improvisé, mais ils lui enlevaient ce qui stimulait sa vie, c'est-à-dire la fièvre du risque.

La tribune de l'improvisateur semble donc être l'environnement qu'il préfère, même s'il doit toujours maîtriser sa peur initiale, que peu de personnes remarquent mais qu'il ne cherche pas à nier. Dans un message qu'il m'avait envoyé il y a quelques années, me demandant de participer à une cérémonie publique, il écrivait: « Essaie, pour une fois, de surpasser ta peur de la scène comme je dois le faire si souvent. » En de très rares occasions, il utilise une fiche où il a préalablement jeté quelques notes. Il la sort de sa poche de façon très peu cérémonieuse et la pose devant lui avant d'entreprendre son discours. Il commence très souvent en parlant d'une voix presque inaudible, hésitante. Puis, il sort de la brume de façon incertaine et saisit chaque petite lueur pour gagner petit à petit du terrain jusqu'à ce qu'il attaque d'un coup, qui ressemblerait à celui asséné par une grosse patte, et qu'il réussisse à gagner son public. Des échanges sont établis entre ses auditeurs et lui, une relation qui les enflamme tous et qui crée entre eux une complicité dialectique. C'est dans ce climat de tension insoutenable que repose son exultation. Il s'agit de l'inspiration à l'état pur, d'un état de grâce irrésistible et éblouissant que seuls ne veulent pas reconnaître ceux qui n'ont pas connu le privilège de la vivre.

Au commencement, les événements publics commençaient toujours au moment de son arrivée, bien que celle-ci soit aussi imprévisible que celle de la pluie. Cependant, depuis quelques années, il arrive toujours à l'heure, et la durée de son discours varie avec l'humeur de son public. Les discours interminables du début appartiennent maintenant à un passé légendaire, parce que tout ce qu'il devait expliquer à cette époque-là a été compris par le peuple. Après tant de séances de pédagogie oratoire, son style est devenu plus serré. On ne l'a jamais entendu répéter aucun des slogans des dogmes du communisme ni utiliser aucune des dialectiques rituelles du système marxiste, un langage fossile qui a perdu tout contact avec la réalité depuis longtemps et qui va de pair avec un genre de journalisme laudateur et pompeux qui tend davantage à cacher les choses qu'à les expliquer. Il est le personnage antidogmatique par excellence, dont l'imagination créative plane au-dessus des abysses de l'hérésie. Il ne cite pratiquement jamais les phrases d'autres personnalités, que ce soit dans les conversations ou à la tribune, sauf des citations de José Martí, son auteur préféré. Il connaît parfaitement bien les vingt-huit volumes de l'œuvre de ce grand patriote et écrivain cubain, et a eu le talent d'incorporer les idées de celui-ci dans le courant d'une révolution marxiste. Il en reste que l'essence même de sa philosophie réside dans sa conviction que le travail de la masse prolétaire est avant tout commandé par le fait que les individus se sentent concernés les uns vis-à-vis des autres.

Cela pourrait sans doute expliquer la confiance absolue qu'il a envers les contacts directs. Ses discours les plus difficiles ressemblent même à des conversations bien ordinaires, comme celui qu'il a tenu dans la cour de l'université à la veille de la révolution. En fait, spécialement à La Havane, il n'est pas inhabituel que quelqu'un l'interpelle dans une assemblée publique et qu'un dialogue à voix haute s'engage. Castro possède une façon de parler spéciale pour chaque occasion et une technique de persuasion différente, selon que ses interlocuteurs sont ouvriers, fermiers, étudiants, scientifiques, politiciens, écrivains ou des visiteurs venus de l'étranger. Il arrive à toucher chaque personne selon le niveau de chacun, en fournissant des renseignements aussi détaillés que variés qui lui permettent d'évoluer dans tous les milieux avec beaucoup d'aisance. Cependant, sa personnalité est tellement complexe et imprévisible que chaque personne peut avoir de lui une opinion qui change au cours de la même rencontre.

Une chose est certaine: où qu'il soit et quel que soit l'interlocuteur, Fidel Castro est là pour gagner. Je ne pense pas qu'il existe un perdant pire que lui au monde. Son attitude face à la défaite, et même au cours de menus événements de la vie quotidienne, semble obéir à sa propre logique: il ne l'admettra tout simplement pas et ne prendra aucun repos tant qu'il n'aura pas réussi à inverser les événements pour en faire une victoire. Néanmoins, quoi que cela puisse être et où que cela se produise, tout se déroule au milieu d'une conversation interminable.

Castro peut traiter de n'importe quel sujet, selon les intérêts de son auditoire, mais l'opposé peut aussi bien arriver quand c'est lui qui décide du sujet dont il parlera. Ce genre de chose a tendance à se produire dans les moments où il explore une idée qui le travaille, et personne n'est plus obsessif que lui quand il a décidé d'aller à la source d'un problème. Il n'existe aucun projet, aussi grandiose ou aussi modeste soit-il, qu'il n'entreprenne avec une passion effrénée, spécialement s'il se heurte à de l'opposition. Dans ces moments-là, il est à son meilleur et d'excellente humeur. Une personne, qui pense bien le connaître, a déjà émis le commentaire suivant: «Cela doit aller bien mal... Vous n'avez jamais eu l'air aussi radieux!»

Il y a quelques années, un étranger en visite à Cuba l'avait rencontré pour la première fois et m'avait néanmoins fait le commentaire suivant: «Fidel vieillit. Hier soir, il est revenu sept fois sur le même sujet.» Je lui ai fait remarquer que ces répétitions, qui tiennent presque de la manie, sont en fait sa manière à lui de travailler. Lorsque, par exemple, il a abordé le sujet de la dette de l'Amérique latine, il y a deux ans. Depuis, il a développé le sujet, l'a élargi, l'a approfondi jusqu'à ce qu'il devienne pratiquement un cauchemar répétitif. La première chose qu'il en a dit, et qui se trouvait être la conclusion d'un problème d'arithmétique, a été que la dette n'était pas remboursable. Au cours de mes trois voyages entrepris à La Havane, j'ai réussi, petit à petit, à comprendre ses dernières variations sur le thème de la dette de l'Amérique latine, notamment la répercussion de cette dette sur l'économie des différents pays, l'impact politique et social de celle-ci, son influence décisive sur les relations internationales, son importance providentielle pour une politique unie en Amérique latine. Finalement, Castro a convoqué en congrès des experts à La Havane et a fait un discours dans lequel aucun des problèmes fondamentaux qu'il avait abordés au cours des conversations précédentes ne fut oublié. Il avait, à ce moment précis, une vision globale de la question que le temps n'a fait que confirmer.

Il me semble que l'avantage exceptionnel qu'il possède, en tant que politicien, réside dans sa faculté de percevoir l'évolution d'un problème en particulier jusque dans ses moindres détails, comme s'il pouvait voir non seulement la masse de l'iceberg qui se trouve devant lui, mais aussi les sept huitièmes de la glace submergée. Cette faculté ne fonctionne pas seulement grâce à son intuition, mais serait plutôt l'aboutissement d'un raisonnement tenace et ardu. Un interlocuteur assidu peut découvrir l'embryon d'une de ses idées et en suivre le développement au cours des mois qui suivent en prêtant simplement attention aux conversations continuelles qu'il tient jusqu'à ce qu'il expose ses idées au public sous leur forme finale. C'est dans cet esprit qu'il a traité de la dette envers les pays étrangers. Puis, lorsqu'il a épuisé le sujet, il le met au rancart pour toujours, comme si le cycle vital de ce dernier était arrivé en bout de course.

Une telle puissance de la parole requiert, il est certain, d'être alimenté constamment en renseignements, d'y penser, d'y repenser et de les digérer. L'aide la plus précieuse dont il dispose est sa mémoire, et il l'utilise au point d'en abuser pour arriver à soutenir des conversations en privé et des discours avec une logique incroyable et un talent certain pour pratiquer des opérations d'arithmétique à une vitesse surprenante. Il commence ce travail de collecte d'information dès son réveil. Il prend son petit-déjeuner en ayant à portée de la main pas moins de deux cents pages de nouvelles provenant du monde entier. Pendant la journée, malgré le fait qu'il soit toujours en mouvement, les nouvelles le poursuivent partout, où qu'il aille. Il a calculé qu'il doit lire environ 50 documents par jour. À cela, on doit ajouter les rapports qu'il reçoit des organes officiels du gouvernement et des visiteurs qu'il accueille, ainsi que tout ce qui peut se révéler de quelque intérêt pour lui et qui aiguillonne son insatiable curiosité. Même en exagérant, on n'arrive qu'à une évaluation approximative de ce qu'il consulte en une journée, sauf s'il doit se déplacer en avion.

Castro préfère s'abstenir de voyager en avion et ne s'y résout que lorsqu'il n'a pas de choix. Lorsqu'il est à bord d'un avion, c'est un très mauvais passager, car son anxiété le pousse à vouloir tout savoir. Il ne dort et ne lit pas davantage. Il ne mange pratiquement pas et demande à l'équipage de lui apporter des cartes de navigation chaque fois qu'il éprouve un doute. Il se fait expliquer pourquoi telle route aérienne est utilisée plutôt qu'une autre, pourquoi le bruit des turbines a changé, pourquoi l'appareil subit des turbulences alors qu'il fait beau. Les réponses doivent être correctes, car il peut découvrir la plus petite incohérence dans la phrase la plus banale.

Les livres sont, pour Fidel Castro, une autre source vitale de renseignements. Cet aspect de son personnage est sans doute le moins connu de ses adversaires. C'est un lecteur féroce. Personne ne peut expliquer comment il trouve le temps de lire ou quelle méthode il utilise pour lire autant et avec une telle rapidité, même s'il insiste pour dire que cela n'a rien de spécial. Il a toujours eu une lampe de lecture pour lire la nuit dans toutes ses voitures, que ce soit dans son Oldsmobile préhistorique, dans les Zils russes qu'il a longtemps utilisées ou dans la Mercedes qu'il possède à l'heure actuelle. Il lui est souvent arrivé de commencer un livre peu de temps avant le lever du soleil et de le commenter le lendemain matin. Il lit l'anglais, mais ne le parle pas. Il préfère, et de beaucoup, lire en espagnol. À n'importe quelle heure du jour, il prend connaissance du contenu de tous les bouts de papiers qui peuvent lui tomber sous la main. Lorsqu'il doit lire un livre récent qui n'a pas encore été traduit, il le fait traduire. Un de mes amis, un médecin, lui a envoyé par courtoisie un traité d'orthopédie qu'il venait de publier, sans penser un seul instant qu'il en prendrait connaissance. Pourtant, une semaine plus tard, il recevait de Fidel Castro une lettre avec une longue liste de commentaires. C'est un lecteur assidu de tout ce qui a trait à l'économie et à l'histoire. Lorsqu'il a lu les mémoires de Lee Iacocca[20], il a découvert des erreurs tellement incroyables qu'il a fait venir le livre en anglais pour pouvoir le comparer avec la version espagnole. Et, comme c'est trop souvent le cas, le traducteur avait confondu la signification du mot « milliard » dans les deux langues. Castro aime les livres de littérature et se tient au courant des dernières parutions. J'ai sur la conscience le fait d'avoir créé chez lui une véritable dépendance aux best-sellers comme antidote aux rapports officiels.

Sa source de renseignements la plus immédiate et la plus féconde demeure cependant la conversation. Il a l'habitude de poser des questions rapides dont la structure ressemble aux *matriushkas*, ces poupées gigognes russes à l'intérieur desquelles se trouve une poupée similaire mais un peu plus petite, et puis une autre, et encore une autre, jusqu'à ce que l'on arrive à une poupée de la plus petite taille possible. Castro pose en effet des questions successives de façon instantanée, jusqu'à ce qu'il découvre le pourquoi du pourquoi du pourquoi, jusqu'au pourquoi final. Son interlocuteur a du mal à ne pas se sentir soumis à un examen qui ressemble aux interrogatoires de l'Inquisition. Lorsqu'un visiteur, venu d'Amérique latine lui a présenté des statistiques rapides au sujet de la consommation individuelle de riz, Castro a rapidement fait un calcul mental et a dit : « Comme c'est étrange... Chacun de vos compatriotes consomme quatre livres de riz par jour ! » Avec le temps, on apprend que sa tactique préférée est de poser des questions sur des choses qu'il connaît déjà pour obtenir la confirmation des données qu'il possède. Il le fait quelquefois pour juger du calibre de son interlocuteur et pour le traiter selon l'évaluation qui s'ensuit. Il ne manque aucune occasion de demeurer bien informé. Le président colombien Belisario Betancour, avec lequel il s'entretenait souvent au téléphone bien qu'il ne l'ait jamais rencontré et que les deux pays ne maintenaient pas de relations diplomatiques, l'a appelé une fois pour discuter d'un problème anodin. Fidel Castro m'a dit par la suite: «J'ai profité du fait que nous avions tous les deux le temps de parler pour lui demander certains renseignements qui ne m'étaient jamais venus par les voies ordinaires à propos de la situation du café en Colombie.»

Castro a visité quelques pays avant la révolution et les voyages officiels qu'il a faits par la suite se sont limités à ceux qu'exigeait le protocole. Cependant, il parle de ces pays et des autres qu'il n'a jamais visités comme s'il y avait été. Lors de la guerre d'Angola, pendant une réception officielle, il a parlé d'une bataille avec tant de détails qu'il fut par la suite difficile de convaincre le diplomate européen qu'il n'y avait pas participé. Lors de discours officiels, le récit qu'il fit de l'attaque du palais de la Moneda, sa description de la capture et du meurtre de Che Guevara, et de la mort de Salvador Allende, et les paroles qu'il prononça après le passage de l'ouragan Flora constituent des pièces d'anthologie verbale.

Fidel Castro est obsédé par l'Espagne, le pays de ses ancêtres. Sa vision de l'avenir de l'Amérique latine est la même que celle de Bolivar et de Martí: une communauté intégralement autonome capable d'influencer les destinées du monde. Cependant, après Cuba, les États-Unis sont le pays qu'il connaît le mieux. La nature du peuple américain, la structure des forces en puissance et les motifs cachés des différents gouvernements lui sont familiers, ce qui l'a beaucoup aidé à faire survivre son pays au blocus organisé par Washington. Malgré les restrictions imposées par le gouvernement des États-Unis, il y a des vols réguliers et presque quotidiens entre Miami et La Havane et pas un jour ne passe sans qu'arrivent à Cuba des visiteurs étatsuniens par des vols spéciaux ou en avion privé.

À la veille des élections, on assiste à une arrivée constante de politiciens des deux partis. Fidel Castro en rencontre le plus grand nombre possible et s'assure qu'ils sont bien traités pendant qu'ils attendent. Il fait de son mieux pour leur consacrer suffisamment de temps lors d'interminables échanges d'information. Ce sont de véritables fêtes de la parole. Il leur assène quelques vérités bien à lui et ne se trouve aucunement incommodé par celles qu'on lui sert. Il donne l'impression que rien ne l'amuse plus que de montrer son vrai visage à ceux qui arrivent avec des idées toutes faites véhiculées par la propagande ennemie, qui le décrit comme une sorte de *caudillo* barbare. Lors d'une rencontre avec un groupe de députés des deux partis et avec une personnalité officielle du Pentagone, il a raconté en détail comment ses ancêtres venus de Galicie et ses professeurs – des jésuites – lui avaient inculqué des principes moraux qui lui avaient été très utiles dans la formation de sa personnalité. Et il avait conclu en disant: «Je suis chrétien.»

Ces paroles ont eu l'effet d'une bombe. Les personnes qui étaient venues des États-Unis et qui avaient été élevées dans une culture où seuls existent le noir et le blanc ont passé outre aux explications qu'il avait données. À la fin de la visite, alors que les premières lueurs du jour commençaient à poindre, les personnes présentes les plus conservatrices étaient d'accord avec Castro lorsque celui-ci se disait le meilleur médiateur possible entre l'Amérique latine et les États-Unis.

Chaque personne en visite à Cuba nourrit l'espoir de le rencontrer dans quelque circonstance, bien que plusieurs nourrissent le rêve d'un entretien particulier, spécialement les journalistes étrangers qui considèrent que leur travail n'est fini que lorsqu'ils peuvent emporter dans leurs bagages le trophée d'une rencontre en tête-à-tête. Je pense que Castro les rencontrerait tous si cela était physiquement possible: à l'heure actuelle, il y a environ 300 demandes d'interviews qui attendent sa décision – et cela pourrait prendre une éternité. Il y a toujours un journaliste dans un hôtel de La Havane qui attend, après avoir essayé de se faire recommander par toutes sortes de contacts personnels. Certains de ces solliciteurs peuvent attendre des mois. Ils s'indignent de cette attente, ne sachant plus vers qui se tourner, car personne ne sait exactement quelle est la bonne marche à suivre. En vérité, il n'y en a pas. Il n'est pas rare qu'un journaliste chanceux pose à Castro une question bien ordinaire lors d'une apparition en public et que le dialogue se termine par une interview qui dure plusieurs heures où tous les sujets possibles seront abordés. Castro prend son temps pour répondre à chaque question, s'aventurant sur des terrains inattendus et difficiles sans jamais être imprécis par négligence, car il sait très bien qu'un seul mot mal utilisé pourrait causer des dommages irréparables. Dans ces rares entrevues officielles, il a tendance à accorder à ses interlocuteurs le temps qui a été prévu, bien que son imprévisibilité rende le temps élastique et qu'une fois la dynamique du dialogue stimulée, l'entretien puisse se prolonger. Ce n'est qu'en de très rares occasions qu'il demande à voir à l'avance les questions qui lui seront posées en entrevue. Il n'a jamais refusé de répondre à une question – aussi provocante soit-elle –, et n'a jamais perdu patience. Il arrive quelquefois que les deux heures prévues soient portées à quatre, et presque toujours à six... ou à dix-sept, comme ce fut le cas de l'entrevue avec Gianni Minnà[21] de la télévision italienne, l'une des entrevues les plus longues qu'il a accordées et aussi l'une des plus complexes.

Depuis quelque temps, très peu d'interviews le satisfont, et toutes les transcriptions écrites lui plaisent encore moins, car les contraintes d'espace tendent à sacrifier l'exactitude et les nuances particulières de son style. Castro pense que les interviews télévisées finissent de façon peu naturelle à cause d'une fragmentation inévitable, et il lui paraît injuste de devoir renoncer à cinq heures de sa vie pour sept minutes de présence au petit écran. Cependant, le plus regrettable, que ce soit pour Fidel Castro ou pour les personnes qui l'écoutent, c'est que même les meilleurs journalistes, spécialement les Européens, ne font aucun effort pour faire cadrer leurs questions avec la réalité. Ils veulent le trophée consistant à obtenir des réponses à des questions formulées en fonction des obsessions politiques et des préjugés culturels de leurs propres pays, sans même chercher à essayer de découvrir ce qu'est Cuba à l'heure actuelle, ce que sont les rêves et les frustrations de ses habitants, ce qu'est leur vraie vie. En faisant cela, ils privent la population cubaine de la possibilité de s'exprimer face au monde entier et ils se privent de la satisfaction professionnelle de poser des questions à Castro, non sur les suppositions que se forgent les autres pays à son sujet et qui sont si loin de la réalité, mais plutôt sur les angoisses de la population cubaine, spécialement à une époque extrêmement décisive.

Pour conclure, après avoir entendu parler Fidel Castro dans tant de circonstances différentes, je me suis souvent demandé si son empressement à faire les frais de la conversation n'obéit pas à un besoin biologique de tenir coûte que coûte le fil conducteur de la vérité parmi les mirages hallucinatoires du pouvoir. Je me suis souvent posé cette question au cours de tous les dialogues que nous avons pu avoir en privé comme en public. Je me suis surtout posé cette question dans les moments les plus difficiles et les moins productifs, face aux personnes qui perdent en sa présence leur naturel et leur aplomb et qui ne lui parlent qu'en utilisant des formules de rhétorique qui n'ont aucun rapport avec la réalité, ou à ceux qui lui cachent la vérité pour ne pas ajouter à ses soucis, ce dont Castro est conscient. Il a déjà eu l'occasion de dire à une personnalité officielle qui venait de recourir à ce stratagème: « Vous me cachez la vérité pour ne pas m'accabler de soucis, mais, en fin de compte, lorsque je la découvrirai, ces cachotteries feront que je mourrai d'avoir à faire face à tant de dures réalités à la fois. » Le plus grave, ce sont les vérités qui lui sont cachées pour occulter des problèmes ou des lacunes, parce qu'à côté de toutes les réalisations que la révolution a accomplies – qu'elles soient d'ordre politique, scientifique, sportive ou culturelle – l'incompétence énorme de la bureaucratie a des effets négatifs sur la vie quotidienne des citoyens et sur leur bonheur. Cela a obligé Castro, 30 ans après la victoire de la révolution, à s'occuper personnellement de problèmes tels la fabrication du pain et la distribution de la bière.

Cependant, tout est, bien différent quand il s'adresse à l'homme de la rue. La conversation retrouve alors une franchise à l'état pur et une qualité d'expression qui sont la nature même d'une véritable affection. De tous les noms qui ont pu être donnés à ce simple citoyen, que ce soit dans les milieux militaires ou civils, un seul lui est resté: Fidel. Ses concitoyens l'entourent sans crainte et utilisent le *tú* familier quand ils s'adressent à lui. Ils le contestent, le contredisent, lui font part de leurs exigences au moyen de communications immédiates au cours desquelles la vérité coule comme un torrent. C'est dans ces moments précis plutôt que dans des conversations privées que l'on découvre l'homme authentique, celui que l'éclat de sa propre image dissimule à la vue des gens. Voilà le Fidel Castro que je crois connaître, après les innombrables heures que nous avons passées à bavarder sans que le fantôme de la politique ne se manifeste trop souvent. Un homme austère qui nourrit des illusions insatiables, qui a reçu une éducation traditionnelle, dont les paroles sont empreintes de prudence et les manières de simplicité, mais qui est incapable de concevoir une idée qui ne sorte pas de l'ordinaire. Il rêve que les scientifiques de son pays découvrent un moyen de guérir le cancer et il a réussi à créer une politique étrangère reconnue par les grandes puissances mondiales, le tout dans une petite île qui connaît des pénuries d'eau douce et qui est 84 fois plus petite que son adversaire principal. Il protège tellement tout ce qui entoure sa vie privée que celle-ci a fini par devenir l'énigme la plus impénétrable de la légende dans laquelle il baigne. Il a la conviction presque mystique que la plus grande réalisation que peuvent accomplir les êtres humains, c'est d'acquérir une formation adéquate de la conscience et que les motivations morales, plus que les motivations matérielles, peuvent changer le monde et le cours de l'histoire. Je pense que Fidel Castro est l'un des plus grands idéalistes de notre temps. Cet idéalisme est peut-être l'une de ses plus grandes vertus, mais il a représenté également l'un des dangers les plus redoutables qu'il ait eu à affronter.

Combien de fois l'ai-je vu arriver chez moi, très tard le soir, apportant avec lui les derniers échos d'une journée interminable? Je lui ai souvent demandé comment allaient les événements et plus d'une fois, je l'ai entendu me répondre: « Tout va très bien, les réservoirs sont pleins. » Je l'ai vu ouvrir le réfrigérateur pour prendre un morceau de fromage, sans doute la seule chose qu'il avait absorbée depuis le petit-déjeuner. Je l'ai vu téléphoner à une amie au Mexique pour lui demander la recette d'un plat qu'il avait particulièrement aimé et je l'ai vu noter cette recette, appuyé sur le comptoir de la cuisine, au milieu des casseroles sales du dîner, pendant que quelqu'un chantait une vieille chanson à la télévision: « La vie est un train rapide qui parcourt des milliers de lieues. » Je l'ai entendu évoquer, dans de rares moments de nostalgie, les aurores champêtres de son enfance à la campagne, sa petite amie de jeunesse qui l'avait laissé tomber et les choses qu'il aurait pu faire autrement pour obtenir un peu plus de l'existence. Un soir, alors qu'il mangeait de la crème glacée à la vanille par petites cuillerées, j'ai remarqué qu'il pliait sous le poids du destin de tant de gens et qu'il était tellement loin de sa propre personne que, pendant un instant, je l'ai trouvé radicalement différent de l'homme qu'il avait toujours été. Je lui ai alors demandé quelle serait la chose qu'il voudrait le plus faire sur cette terre. Il m'a immédiatement répondu: « Seulement flâner au coin d'une rue. »

CHAPITRE 1

ENFANCE ET JEUNESSE*

Castro: Je pourrais dire, en tout premier lieu, que je suis né dans un pays où la religion tient une grande place et, en deuxième lieu, que je suis issu d'une famille religieuse. Ma mère était une personne profondément religieuse, certainement beaucoup plus que mon père ne l'était.

Betto: Votre mère venait-elle de la campagne?

Castro: Oui.

Betto: Était-elle Cubaine?

Castro: Oui, elle venait d'une famille de fermiers.

Betto: Et votre père?

Castro: Mon père était également issu d'une famille de fermiers. C'étaient de très pauvres cultivateurs originaires de Galicie, en Espagne. Ma mère n'était pas religieuse, elle n'avait pas été élevée dans un milieu très porté sur la religion.

Betto: Avait-elle la foi?

Castro: Il ne fait aucun doute que sa foi était profonde, et j'aimerais ajouter qu'elle a appris à lire et à écrire quand elle a atteint l'âge adulte.

Betto: Quel était son nom?

---

* *Il s'agit d'un extrait légèrement abrégé d'une interview de 24 heures que Fidel Castro a accordée, en 1985, à Frei Betto, un théologien de la libération originaire du Brésil, et qui a été publiée par Ocean Press sous le titre de* Fidel and Religion.

Castro: Lina.

Betto: Et celui de votre père?

Castro: Ange. Pour en revenir à ma mère, elle était presque totalement illettrée. Elle a appris à lire et à écrire toute seule. Je ne me souviens pas qu'elle ait eu d'autre professeur qu'elle-même. Elle n'en a du moins jamais fait mention. C'est au prix de beaucoup d'efforts qu'elle a appris. Je n'ai jamais entendu dire qu'elle soit allée à l'école. C'était une autodidacte. Quand elle était enfant, elle n'a pu aller ni à l'école ni à l'église, et elle n'a reçu aucun enseignement religieux. Je pense que ses croyances avaient pour origine une tradition familiale, car ses parents – spécialement sa mère, ma grand-mère – étaient des personnes très religieuses.

Betto: Pratiquait-elle la religion seulement à la maison ou se rendait-elle fréquemment à l'église?

Castro: Eh bien, elle ne pouvait aller souvent à l'église car, là où je suis né, il n'y avait pas d'église; nous vivions loin de la ville.

Betto: Où êtes-vous né?

Castro: Dans la partie centrale du nord de ce qui s'appelait la province d'Oriente, près de la baie de Nipe.

Betto: Quel était le nom de la ville?

Castro: Ce n'était pas vraiment une ville. Il n'y avait pas d'église. Il s'agissait d'une ferme qui s'appelait Birán. On trouvait là quelques bâtiments. Il y avait la maison familiale proprement dite et une annexe, avec quelques bureaux. Elle avait été construite dans un coin du terrain. Son architecture était typiquement espagnole. Vous devez bien vous demander comment une maison construite à Cuba a pu être d'architecture espagnole? Tout simplement parce que mon père était originaire d'Espagne, plus précisément de Galicie. Là-bas, on avait coutume de travailler un lopin de terre et de garder les animaux de la ferme sous la maison pendant les mois d'hiver et même toute l'année. Ils élevaient des cochons et y gardaient également leurs vaches. Voilà pourquoi ma maison avait été construite selon l'architecture de la Galicie. Elle était sur pilotis.

Il est intéressant de savoir que, bien des années plus tard, les plans qui avaient été conçus pour la construction des établissements d'enseignement situés à la campagne comportaient également des constructions sur des genres de pilotis, mais pas pour les mêmes raisons. On avait imaginé cette solution pour ne pas avoir à mettre de niveau le sol sous les bâtiments de ces écoles. Pour construire ces écoles dans des endroits où la pente était assez prononcée, on utilisait toute une série de piliers de ciment de hauteur variable qui mettaient ces constructions de niveau.

Je me suis souvent demandé pourquoi ma maison était construite sur des pilotis aussi élevés, dont certains mesuraient près de deux mètres. Le sol sous la maison n'était pas de niveau de sorte qu'à l'extrémité de celle-ci, à l'endroit où se trouvait la cuisine, dans une partie qui avait été rattachée au bâtiment principal, les pilotis étaient plus courts. À l'autre extrémité, il y avait une légère déclivité, et les pilotis étaient plus longs; mais, comme je l'ai expliqué, cela avait été conçu dans le but d'éviter des travaux de terrassement. Même lorsque j'étais un tout jeune enfant, je ne pouvais m'empêcher de penser à de telles choses et je suis convaincu que tout cela était le fruit de la tradition galicienne. Pourquoi? Parce que je me souviens très bien que, dans mes jeunes années, lorsque j'avais trois, quatre, cinq ou peut-être bien six ans, les vaches dormaient sous la maison. Il y en avait vingt ou trente, et on les rassemblait là à la tombée de la nuit. C'est là qu'on les trayait, et certaines d'entre elles étaient attachées aux pilotis.

J'ai oublié de vous dire que la maison était construite en bois. Aucun mortier, ni ciment ni brique. Du bois, tout simplement. Les pilotis étaient faits d'un bois très dur et servaient de fondation au plancher. Le rez-de-chaussée qui, à l'origine, devait être constitué d'un carré, a été agrandi par la suite lorsque l'on y a ajouté une entrée qui, sur un des côtés de la construction, menait à une série de petites pièces. La première avait des placards où l'on rangeait les médicaments et on l'avait baptisée « la pharmacie ». La pièce suivante était la salle de bains. Puis venait une pièce garde-manger suivie de l'entrée qui menait à la salle à manger et à la cuisine. Entre la salle à manger et la cuisine se trouvaient des escaliers qui descendaient vers le sol. La maison a été agrandie de nouveau par la suite. Une espèce de bureau a été construit dans un des coins. À l'âge où j'ai commencé à voir ce qui se passait autour de moi, la cuisine avait déjà été construite. Au-dessus de la partie carrée de la maison, il y avait un autre étage que l'on appelait « le poste d'observation » ou « la chambre du guetteur », où mes parents et leurs trois premiers enfants ont dormi jusqu'à ce que j'atteigne l'âge de quatre ou cinq ans.

Mon père avait construit sa maison dans la tradition de son pays natal. Il venait d'un milieu de fermiers et n'avait pas eu la chance d'étudier. Il a donc, tout comme ma mère, appris à lire et à écrire tout seul, à force de volonté pure.

Mon père était le fils d'un très pauvre fermier galicien. À l'époque de la guerre pour l'indépendance de Cuba, qui a commencé en 1895, il fut envoyé, en tant que soldat espagnol, pour combattre les insurgés. C'est ainsi qu'encore tout jeune, mon père a été engagé pour faire son service militaire dans l'armée espagnole. Une fois la guerre terminée, il a été renvoyé en Espagne, mais il semble qu'il se soit pris d'affection pour Cuba. Avec d'autres immigrants comme lui, il a donc quitté l'Espagne pour Cuba au cours des premières années du vingtième siècle. Il est arrivé dans l'île sans un sou en poches et sans aucune famille, et s'est trouvé un emploi.

C'était à l'époque où l'on faisait à Cuba de très gros investissements financiers. Des citoyens américains s'étaient emparés des meilleures terres de Cuba et avaient commencé à détruire la forêt pour y établir des plantations de canne à sucre et construire des sucreries, ce qui exigeait alors des capitaux importants. Mon père a travaillé dans une de ces raffineries de canne à sucre.

La dernière guerre d'indépendance a commencé en 1895 et s'est terminée en 1898. En fait, l'Espagne a été battue lorsque les États-Unis sont intervenus de façon très opportuniste dans cette guerre. Ils ont envoyé des soldats, ont envahi Porto Rico, les Philippines et d'autres îles du Pacifique et ont occupé Cuba. Ils ne pouvaient pas s'emparer de Cuba de façon permanente, parce que Cuba était en lutte depuis très longtemps. Bien que peu nombreux, les Cubains avaient combattu de façon héroïque pour leur liberté depuis de nombreuses années. Les Américains n'avaient pas prévu de s'emparer de Cuba ouvertement, parce que le mouvement de la lutte pour l'indépendance de Cuba recevait une aide énorme des pays d'Amérique latine et du monde entier. Comme je l'ai souvent répété, Cuba était le Vietnam du dix-neuvième siècle.

Mon père est donc revenu à Cuba et a commencé à travailler. Un peu plus tard, il a organisé un regroupement de travailleurs. Il les dirigeait et leur trouvait des emplois dans les sociétés américaines. Il a monté une petite entreprise qui, si je me souviens bien, utilisait ces hommes pour débroussailler la terre afin de pouvoir y planter de la canne à sucre et pour abattre les arbres que l'on utilisait comme bois de chauffage dans les raffineries. Il est possible qu'en tant qu'organisateur de cette entreprise et ayant un groupe d'hommes travaillant pour lui, il ait commencé à réaliser quelques profits. En d'autres mots, mon père était une personne très active et entreprenante, et il avait un sens inné de l'organisation.

Je ne sais pas grand-chose de cette période de sa vie, car, à l'époque où j'aurais pu me renseigner, je n'avais pas la curiosité que j'ai à l'heure actuelle. À présent, qui pourrait me raconter les expériences qu'il a vécues à cette époque-là?

J'ai beau chercher dans mes souvenirs, je ne vois rien qui puisse m'indiquer que mon père était une personne religieuse. Je ne peux même pas dire s'il avait la foi ou non, mais je me souviens très bien que ma mère était très religieuse, tout comme ma grand-mère.

Betto: Comment aviez-vous l'habitude de célébrer Noël?

Castro: De la manière traditionnelle. La veille de Noël était toujours un moment de réjouissances. Puis venait le réveillon du jour de l'An, ce qui impliquait une réception qui durait jusqu'après minuit. Je pense aussi que l'on fêtait une autre fête religieuse, le jour des Saints Innocents, le 28 décembre. La tradition voulait que ce jour-là, on joue des tours aux autres personnes ou qu'on leur raconte un bobard et qu'ensuite on leur dise: «Je vous ai bien eu, n'est-ce pas?» Cela faisait partie des festivités de Noël.

Betto: Quand votre père est-il mort?

Castro: Il est mort en 1956, avant que je ne revienne du Mexique avec l'expédition du *Granma*[22]. Mon père est mort le 21 octobre 1956, deux mois après mon trentième anniversaire. En décembre 1956, j'avais 30 ans lorsque je suis revenu du Mexique avec l'expédition. J'avais 26 ans lorsque nous avons attaqué la caserne Moncada[23], et j'avais passé mon vingt-septième anniversaire en prison.

Betto: Et votre mère, quand est-elle décédée?

Castro: Le 6 août 1963, trois ans et demi après le triomphe de la révolution.

Vie campagnarde

Nous avons parlé de notre vie à la campagne, de l'aspect de notre maison, de mes parents, du niveau d'instruction qu'ils avaient atteint malgré leurs origines très modestes. J'ai parlé de la maison et de la façon dont s'y étaient intégrées les traditions espagnoles.

Où nous habitions, il n'y avait pas de ville, seulement quelques bâtiments. J'ai déjà dit que dans mon enfance, nous gardions les vaches sous la maison. Par la suite, elles furent installées ailleurs. Il y avait toujours, en plus, une petite porcherie et une petite basse-cour sous l'habitation. On y laissait les cochons et la volaille, exactement comme en Galicie. On y trouvait des poules, des canards, des pintades, des dindons, quelques oies et, bien sûr, des cochons – toutes sortes d'animaux domestiques. Une étable a été construite un peu plus tard, à environ trente ou quarante mètres de la maison. Un petit abattoir était à proximité ainsi qu'une petite forge, où on réparait les outils, les charrues et les autres outils aratoires. Le four à pain se trouvait à la même distance de l'étable, mais dans l'autre direction. L'école primaire – une petite école publique – se trouvait à soixante mètres de la maison, de l'autre côté du four à pain, près de la grand-route. La route de terre, qui avait été baptisée «route nationale», partait de la capitale et allait vers le sud. Le magasin général, notre «centre commercial», en somme, appartenait également à ma famille. Devant, il y avait un arbre très feuillu. La poste et le bureau des télégrammes se trouvaient vis-à-vis du magasin. Voilà donc les principales installations que l'on pouvait retrouver là où nous habitions.

Betto: Votre famille était propriétaire du magasin?

Castro: Oui, mais pas du bureau de poste ni de la petite école, qui appartenaient à l'État. Tout le reste appartenait à ma famille. Au moment de ma naissance, mon père avait déjà réussi à accumuler quelques biens et à atteindre un certain niveau d'aisance.

Betto: Quand êtes-vous né?

Castro: Le 13 août 1926. Si vous voulez savoir l'heure, je pense que cela s'est produit vers les deux heures du matin. Il y a peut-être là un lien avec ma mentalité de guérillero, avec mes activités révolutionnaires. La nature et l'heure de ma naissance ont dû avoir une certaine influence... Mais il y a d'autres facteurs qui doivent être pris en considération à l'heure actuelle, n'est-ce pas? Par exemple, quel genre de journée était-ce, le jour de ma naissance? La nature peut-elle avoir quelque rapport avec la vie des individus? De toute façon, je pense être né aux petites heures du matin. C'est pourquoi je suis peut-être né guérillero!

Betto: Comme s'il s'agissait d'un complot?

Castro: Oui, c'est un peu ça...

Betto: En tous les cas, le nombre 26 semble avoir joué tout un rôle dans votre vie...

Castro: Eh bien, je suis né en 1926, c'est tout à fait vrai. J'avais 26 ans quand j'ai commencé la lutte armée et je suis né un 13, qui est la moitié de 26. Batista a fait son coup d'État en 1952, et 52, c'est le double de 26. Maintenant, à bien y penser, c'est fort possible qu'il y ait quelque chose de mystique à propos du nombre 26.

Betto: Vous aviez 26 ans quand vous avez commencé la lutte armée. L'attaque de la caserne Moncada s'est produite le 26 juillet et elle a inspiré le Mouvement du 26 juillet.

Castro: Et nous avons débarqué en 1956, l'année de mes 30 ans; 30 plus 26 égale 56... J'ai décrit ce que l'on retrouvait dans notre ferme. Cependant, il y a quelque chose dont je n'ai pas parlé. Il y avait une arène pour les combats de coqs à environ cent mètres de la maison, à côté de la route nationale. On y tenait des combats tous les dimanches pendant la saison de la récolte de la canne à sucre. Je précise bien: des combats de coqs, et non des courses de taureaux. Il y en avait aussi le 25 décembre, aux alentours du jour de l'An et à l'occasion de toutes les fêtes. Les amateurs de combats de coqs s'y réunissaient et quelques-uns d'entre eux apportaient leurs champions. D'autres ne venaient que pour parier. Beaucoup de personnes très pauvres y perdaient leurs maigres revenus. Quand ils avaient tout perdu, ils rentraient chez eux, sans un sou. Et lorsqu'ils gagnaient, ils dépensaient immédiatement tous leurs gains en buvant du rhum et en faisant la fête.

Non loin de l'arène se trouvaient des habitations bien pauvres, des huttes faites de feuilles de palmier, au sol en terre battue. La majorité d'entre elles étaient habitées par des immigrants haïtiens qui travaillaient à la ferme, plantaient la canne à sucre et en faisaient la récolte. Ils étaient arrivés à Cuba au début du vingtième siècle et menaient une vie misérable. Dans les temps les plus reculés, il y a toujours eu des immigrants venant d'Haïti à Cuba. Il me semble que la main-d'œuvre cubaine n'était pas suffisante et que c'est pour cela que des immigrants venaient d'Haïti. Les huttes où les ouvriers et leurs familles habitaient étaient éparpillées le long de la route nationale et des autres voies de communication, y compris celle qui conduisait à la voie ferrée utilisée pour le transport de la canne à sucre. Plusieurs d'entre eux habitaient également à proximité de cette voie.

La récolte principale de la ferme était celle de la canne à sucre. Ensuite, on y élevait du bétail; venait ensuite l'horticulture. Il y avait des bananiers, la culture de racines comestibles, de petits lopins de terre où l'on faisait pousser diverses céréales, des légumes, des cocotiers et plusieurs sortes d'arbres fruitiers. Il y avait un verger de 10 à 12 hectares d'agrumes près de la maison. Les champs de canne à sucre étaient un peu plus loin, plus près de la voie ferrée.

À l'époque où j'ai commencé à me rendre compte de l'endroit où j'habitais, ma famille possédait déjà de la terre et en louait aussi. Quelle quantité de terre ma famille possédait-elle? Je vais vous le dire en hectares, bien qu'à Cuba nous comptions la terre en *caballerías*. Une *caballería* équivaut à 13,4 hectares. Mon père possédait environ 800 hectares. Un hectare est un carré de 100 mètres de côté – c'est-à-dire 10 000 mètres carrés. À part de cela, mon père louait des terres. Elles n'étaient pas aussi productives que celles qu'il possédait, mais elles couvraient une superficie beaucoup plus importante, environ 10 000 hectares.

Mon père avait donc loué toutes ces terres dont la plupart consistaient en collines, avec d'importantes déclivités couvertes de forêts de pins très denses, ainsi qu'un plateau qui était situé à 700 ou 800 mètres d'altitude. À cet endroit, le sol était rouge et on y trouvait des dépôts importants de nickel et d'autres métaux. Depuis 1959, on a procédé à la reforestation de cet endroit. J'aimais beaucoup ce plateau, parce que l'air y était frais. Lorsque j'avais environ 11 ans, je m'y rendais très souvent à cheval. Les chevaux peinaient pour grimper les pentes ardues, mais une fois qu'ils étaient arrivés en haut, ils arrêtaient de transpirer et séchaient en quelques minutes. Il y faisait merveilleusement frais, parce qu'il y avait toujours une petite brise qui soufflait à travers les pins dont les cimes se rejoignaient pour former une sorte de toiture. L'eau qui y coulait des nombreux ruisseaux était glacée, pure et délicieuse à boire. Tout cet endroit était loué et n'appartenait pas à ma famille.

Quelques années plus tard, les revenus familiaux se sont accrus grâce à un nouvel élément: la coupe du bois. Une partie des terres que mon père louait était couverte de forêts qu'il commença à exploiter pour la coupe. D'autres parties de ces terres étaient des collines qui servaient de pâturage pour le bétail, et d'autres encore servaient à la culture de la canne à sucre et à d'autres cultures.

Betto: C'est ainsi que de pauvre fermier, votre père est devenu un riche propriétaire terrien.

Castro: Je possède une photo de la maison natale de mon père en Galicie. Elle était toute petite. Elle avait environ la taille de cette pièce: de 10 à 12 mètres de longueur et de 6 à 8 mètres de largeur. Elle avait été bâtie en pierres, parce qu'elles abondaient en cet endroit. Les fermiers les utilisaient donc fréquemment pour construire leurs maisons. C'est dans cette habitation que logeait toute la famille, une maison qui ne comportait qu'une seule pièce servant à la fois de cuisine et de chambre. Je pense que les animaux y vivaient également. Sa famille n'avait même pas un mètre carré de terre.

À Cuba, mon père a acheté environ 800 hectares de terres et en a loué d'autres à d'anciens combattants de la guerre d'indépendance. Il faudrait faire des recherches exhaustives pour savoir comment ces vétérans en sont venus à posséder 10 000 hectares de terres. Il est certain que ces deux anciens combattants avaient été des officiers très haut placés pendant la guerre d'indépendance. Je n'ai jamais pensé à faire des recherches à ce sujet, mais je pense qu'ils n'ont pas eu de mal à les acquérir. À cette époque-là, il y avait encore beaucoup de terres disponibles et j'imagine qu'il leur a été facile de les acheter d'une façon ou d'une autre, et qu'ils ont dû payer un prix très peu élevé. Des personnes venant des États-Unis achetaient alors énormément de terres à des prix ridiculement bas. Je ne peux cependant pas imaginer quelles étaient les ressources et les origines de l'argent qui avait permis à ces anciens combattants d'acheter ces terres. Par la suite, ils ont touché un pourcentage de l'argent obtenu par la culture de la canne à sucre et par la coupe du bois que l'on faisait dans leurs forêts. Ils avaient d'autres sources de revenus, d'autres commerces, et ils vivaient à La Havane. Je ne peux vraiment pas dire si ces personnes avaient obtenu les droits de propriété de ces terres de façon légale ou illégale.

La grande étendue de ces terres était donc de deux natures: les terres que mon père exploitait lui-même et celles qu'il louait.

Combien de personnes pouvaient bien vivre sur ce vaste *latifundia* à cette époque? Des centaines de familles d'ouvriers agricoles. Beaucoup d'entre eux cultivaient de petits champs que mon père leur laissait pour qu'ils puissent faire pousser ce qui était nécessaire à leur alimentation. Il y avait aussi des fermiers qui faisaient la culture de la canne à sucre et que l'on nommait les *subcolonos*. Leur situation économique n'était pas aussi dure que celle des travailleurs agricoles. Combien y avait-il de familles en tout? Peut-être bien 300; lorsque j'avais 11 ans, environ 1 000 personnes vivaient sur les terres.

Cela devrait vous donner une bonne idée de l'environnement dans lequel je suis né et où j'ai grandi. Il n'y avait pas une seule église, pas même une chapelle.

Betto: Et un prêtre ne venait jamais en visite?

Castro: Non, un prêtre venait une fois par an pour célébrer les baptêmes. Cet endroit où nous habitions faisait partie d'une municipalité qui s'appelle Mayarí et un prêtre de cette paroisse, située à 36 kilomètres, venait une fois par an par la route nationale.

Betto: Est-ce là que vous avez été baptisé?

Castro: Non, j'ai été baptisé à Santiago de Cuba plusieurs années après ma naissance.

Betto: Quel âge aviez-vous quand vous avez été baptisé?

Castro: Je pense que je devais avoir cinq ou six ans. J'ai été un des derniers enfants de ma famille à être baptisé.

Les influences religieuses

Laissez-moi vous expliquer quelque chose: là où nous habitions, il n'y avait ni église, ni prêtre, ni instruction religieuse. Vous m'avez demandé si les centaines de familles qui habitaient là étaient croyantes. Je peux vous répondre qu'en général, elles l'étaient toutes. On peut donc dire que presque tout le monde était baptisé. Je me rappelle très bien que tous ceux qui n'étaient pas baptisés recevaient le qualificatif de «juifs». Je n'avais aucune idée de la signification de ce terme (je parle ici de l'époque où j'avais quatre ou cinq ans). Je savais que ce mot servait à désigner un oiseau très bruyant aux plumes foncées et, chaque fois que j'entendais quelqu'un dire: «C'est un juif», je pensais qu'il parlait de cet oiseau. Voilà donc mes premières impressions. Quiconque n'avait pas reçu le baptême était un «juif».

Il n'y avait aucune éducation religieuse. L'école était petite et non confessionnelle. De 15 à 20 enfants s'y rendaient. On m'y a envoyé parce qu'il n'y avait pas de maternelle. J'étais le troisième enfant de la famille et cette école a été la première que j'ai connue. J'étais encore un bambin. Mes parents ne savaient pas quoi faire de moi, alors ils m'y ont envoyé en même temps que ma sœur et mon frère aînés.

Je ne me souviens plus de l'âge que j'avais quand j'ai appris à lire et à écrire, je me rappelle seulement qu'ils avaient pris l'habitude de m'asseoir à un petit bureau en avant de la classe, à un endroit où je pouvais bien voir le tableau noir et où je pouvais entendre tout ce qui se disait. Je pense que j'étais à cet endroit-là quand j'ai appris à lire, à écrire et à compter. Je devais avoir trois ou quatre ans.

On n'enseignait pas la religion, dans cette école. On y enseignait l'hymne national, on nous parlait du drapeau, des armoiries et d'autres choses comme cela. C'était une école publique.

Toutes ces familles avaient des croyances différentes. Je me rappelle très bien de ce que pensaient de la religion toutes ces personnes qui vivaient à la campagne. Elles croyaient en Dieu et en toute une kyrielle de saints. Quelques-uns uns de ces saints appartenaient à la liturgie; c'était les saints officiels. D'autres n'y appartenaient pas. Chaque personne possédait son saint et en portait le nom. On nous disait que la journée de la fête de notre saint était une journée particulièrement importante, et tout le monde était heureux quand ce jour-là arrivait. Le 24 avril était la journée de la fête de mon saint, car il existe un saint Fidel. Il y a eu un autre saint avant moi et je tenais à ce que vous le sachiez.

Betto: Je pensais que le prénom «Fidel» signifiait «celui qui possède la foi», et qu'il réfère à la fidélité.

Castro: Si tel est le cas, je suis tout à fait en accord avec mon nom en ce qui a trait à la fidélité et à la foi. Certaines personnes ont la foi du point de vue religieux et d'autres personnes ont d'autres types de foi. J'ai toujours été un homme de foi, quelqu'un qui a confiance et qui est optimiste.

Betto: Si vous n'aviez pas eu cette foi, la révolution n'aurait peut-être jamais triomphé à Cuba...

Castro: Si je vous raconte pourquoi on m'a appelé Fidel, vous allez rire, et vous verrez que l'origine de mon prénom n'est pas aussi idyllique qu'elle en a l'air. On ne m'avait pas donné de nom. On m'a appelé Fidel à cause d'un homme qui devait devenir mon parrain. Mais avant de parler de mon baptême, laissez-moi finir de vous raconter encore dans quel genre d'environnement nous vivions.

À cette époque, les agriculteurs entretenaient toutes sortes de croyances. Ils croyaient en Dieu et aux saints, même à ceux qui ne faisaient pas partie de la liturgie.

Betto: Ils croyaient en la Vierge Marie...

Castro: Bien sûr, c'était une croyance très répandue. Ils croyaient en Notre-Dame de la Charité, la sainte patronne de Cuba. Ils étaient tous très fervents dans leur croyance en elle. Ils croyaient aussi en plusieurs saints qui n'étaient pas dans la liturgie, y compris en saint Lazare, le Lépreux. Il était pratiquement impossible de trouver quelqu'un qui ne croyait pas en saint Lazare. Beaucoup de gens croyaient également aux esprits et aux fantômes. Je me rappelle très bien qu'étant enfant, j'ai entendu beaucoup d'histoires qui parlaient d'esprits, de fantômes et d'apparitions. Les gens étaient aussi très superstitieux. Ainsi, si un coq chantait trois fois sans avoir de réponse, cela signifiait qu'une tragédie pouvait se produire. Si une chouette volait au-dessus de vous, la nuit, et que vous entendiez le battement de ses ailes et son cri – je pense qu'on appelait ça « le cri de la chouette » – là encore, c'était un signe de malheur. Si une salière tombait par terre et se brisait, la seule façon de conjurer le sort, c'était de ramasser un peu de sel et de le jeter par dessus son épaule gauche. Il y avait toutes sortes de superstitions. Le monde dans lequel je suis né était, d'une certaine façon, un monde très primitif où régnaient toutes sortes de superstitions, de croyances, d'esprits, de fantômes et d'animaux annonciateurs de malheurs. Voilà donc l'environnement dans lequel je suis né et dont j'ai souvenance.

Cet environnement avait déteint sur ma famille jusqu'à un certain point. C'est pourquoi je peux dire que tous ces gens étaient très religieux. Ma mère était catholique, et ainsi ses croyances et sa foi étaient en accord avec l'Église catholique.

Betto: Votre mère a-t-elle enseigné la prière à tous ses enfants?

Castro: Eh bien, pas exactement. Elle priait, c'est certain. Mais je ne peux pas dire qu'elle m'ait appris à prier, parce que j'ai été envoyé à l'école à Santiago de Cuba à peu près à l'âge de quatre ans et demi. Mais il est certain que je l'entendais prier.

Betto: Disait-elle le chapelet?

Castro: Le chapelet, le *Je vous salue, Marie*... et le *Notre Père*.

Betto: Possédait-elle des statues de Notre-Dame de la Charité?

Castro: Elle possédait de nombreuses statues: celle de Notre-Dame de la Charité, la sainte patronne de Cuba, celle de saint Joseph, celle du Christ et d'autres statues de la Vierge. Elle possédait beaucoup de statues de saints reconnus par l'Église catholique. Il y avait aussi une statue de saint Lazare, qui n'est pas reconnu par Rome.

Ma mère était une vraie croyante. Elle priait tous les jours. Elle allumait des bougies à la Vierge et aux saints, leur adressait des demandes et des prières en toutes circonstances. Elle faisait des vœux pour les membres de la famille qui tombaient malades ou qui se retrouvaient dans une situation difficile. Elle ne se contentait d'ailleurs pas de faire des vœux: elle en respectait les promesses. Un de ces vœux, par exemple, pouvait être d'aller en pèlerinage dans un sanctuaire et d'y allumer une bougie ou d'aider quelqu'un qui avait un problème; cela arrivait très souvent.

Mes tantes et ma grand-mère étaient également très croyantes. Ma grand-mère et mon grand-père maternels vivaient, à cette époque-là, à environ un kilomètre de notre maison.

Je me souviens qu'une de mes tantes est morte en accouchant et je revois son enterrement. Si je pouvais préciser avec exactitude la date de cet événement, je pourrais vous dire l'âge que j'avais quand j'ai eu ma première image de la mort. J'ai été marqué par la tristesse généralisée et par les nombreux pleurs que cela provoqua. Je me souviens aussi d'une de mes tantes, qui était mariée à un Espagnol et dont la maison se trouvait à environ un kilomètre de la nôtre.

Betto: La mère et le bébé sont-ils morts tous les deux, ou est-ce seulement la mère qui est morte?

Castro: La mère est morte et la petite fille – car il s'agissait d'une fille – a été élevée avec nous. Voilà donc le premier souvenir que j'ai de la mort: celle de ma tante.

Mes grands-parents maternels étaient également très pauvres. Ils venaient d'une famille indigente. Mon grand-père faisait le transport de la canne à sucre avec un chariot à bœufs. Tout comme ma mère, il était né dans la partie occidentale de Cuba, dans la province de Pinar del Río. Lui et sa famille déménagèrent en char à bœufs au début du vingtième siècle dans ce qui s'appelait alors la province d'Oriente, à plus de 1 000 kilomètres de chez lui, et il s'y installa.

Mon grand-père et sa famille au grand complet ont déménagé: ma mère, mes oncles et mes tantes. Deux des frères de ma mère ont également travaillé comme laboureurs derrière des charrues tirées par des bœufs.

Ma grand-mère était une personne très religieuse. Je devrais dire que les croyances religieuses de ma mère et de ma grand-mère étaient le résultat d'une tradition familiale. Toutes les deux étaient de très grandes croyantes.

Je me souviens d'être allé leur rendre visite après le triomphe de la révolution, en 1959. Elles étaient ensemble, et ma grand-mère souffrait de problèmes de santé. La pièce était remplie d'images saintes enluminées et pleines de prières. Pendant toute l'époque de notre lutte, ma mère et ma grand-mère ont fait toutes sortes de vœux dans le but de protéger nos vies et d'assurer notre sécurité. Le fait que nous soyons sortis vivants de cette lutte a dû renforcer leur foi. J'ai toujours respecté leurs croyances. Elles m'ont parlé de tous les vœux qu'elles avaient faits et de leur foi profonde. Je les ai toujours écoutées avec le plus profond respect et avec le plus grand intérêt. Même si je ne partageais pas leurs opinions sur le monde, il était inutile de me quereller avec elles au sujet de ces choses, parce que je pouvais constater la force, le courage et le réconfort qu'elles pouvaient puiser dans leur foi, leur sentiment religieux et leurs croyances. Il est certain qu'elles n'étaient ni orthodoxes ni rigides. C'était plutôt quelque chose qui leur était particulier et qu'elles ressentaient fortement. Cela faisait partie de la tradition familiale.

Je pense que mon père se souciait davantage d'autres problèmes, des questions politiques, des luttes, de l'organisation des tâches et des activités quotidiennes. Il faisait des commentaires sur d'autres types de problèmes. Je ne l'ai pratiquement jamais entendu parler de religion. Il était peut-être sceptique face à celle-ci. Mon père était ainsi.

On peut donc dire que je suis issu d'une famille chrétienne, spécialement si l'on prend en considération ma mère et ma grand-mère. Je pense que mes grands-parents qui vivaient en Espagne étaient également des personnes très religieuses, bien que je ne les aie jamais rencontrés. J'étais très conscient des sentiments religieux de ma mère et de ma famille en général.

Pourquoi m'a-t-on baptisé « Fidel » ?

La raison pour laquelle j'ai été baptisé « Fidel » est intéressante. Les baptêmes étaient des cérémonies très importantes parmi les paysans – même parmi ceux qui n'étaient pas croyants. C'était une institution très populaire. Étant donné qu'à la campagne, à cette époque-là, le risque de mortalité était très élevé et l'espérance de vie très basse, les familles des paysans croyaient que le parrain était le deuxième père de l'enfant. Elles supposaient que le parrain pouvait aider l'enfant au besoin. Advenant la mort de son père, l'enfant avait encore quelqu'un pour l'aider et pour subvenir à ses besoins. Ce sentiment était bien enraciné chez les fermiers. Ils choisissaient comme parrain un de leurs meilleurs amis, quelqu'un en qui ils avaient vraiment confiance. Il arrivait souvent qu'un oncle soit choisi pour jouer ce rôle. Il faudrait que je demande à ma sœur plus âgée et à mon frère Ramón, le deuxième enfant de la famille, qui étaient leurs parrains, mais je pense qu'il s'agissait de deux de nos oncles.

Nous étions les enfants d'un deuxième mariage. Il y avait des enfants issus du premier et je me souviens que nous les connaissions. J'étais le troisième enfant du deuxième mariage, qui donna en tout sept enfants, quatre filles et trois garçons.

J'avais été choisi pour être le filleul d'un ami de mon père. C'était un homme très riche qui faisait des affaires avec lui. À l'occasion, il prêtait de l'argent à mon père pour les dépenses domestiques et autres à un intérêt convenu d'avance; il faisait un peu figure de banquier de la famille. Il était très riche, beaucoup plus que mon père. On disait de lui qu'il était millionnaire et, à cette époque, cela signifiait qu'il possédait beaucoup d'argent alors que la majorité des gens gagnait un dollar ou un peso par jour. À cette époque-là, les biens accumulés par mon père ne représentaient pas une grosse fortune. On ne pouvait pas le considérer comme étant un millionnaire, malgré le fait qu'il était relativement à l'aise.

C'est ainsi que cet homme a été désigné pour être mon parrain. Cependant, le problème résidait dans le fait qu'il était très occupé et qu'il habitait Santiago de Cuba. Il possédait des intérêts financiers un peu partout dans la province. Les circonstances ont voulu que les visites à Birán de celui qui devait être mon parrain cousu d'or ne coïncidaient jamais avec les visites du prêtre. J'ai donc dû attendre que les visites du futur parrain et du prêtre arrivent à coïncider pour être baptisé. Je me rappelle très bien que j'avais droit au qualificatif de « juif » pour cette raison-là. Je devais avoir quatre ou cinq ans et déjà, on m'adressait de telles épithètes. Je ne connaissais pas la signification du mot « juif », mais je pouvais très bien percevoir que ce mot avait une connotation négative, que c'était quelque chose de laid. Tout cela parce que je n'avais pas été baptisé, même si ce n'était vraiment pas de ma faute.

On m'a envoyé à Santiago de Cuba avant que je sois baptisé. Mon professeur avait fait comprendre à ma famille que j'étais un très bon élève. Elle avait fait croire à mes parents que j'étais très intelligent et que j'avais de la facilité à apprendre. C'est là la vraie raison pour laquelle j'ai été envoyé à Santiago de Cuba à l'âge de cinq ans. On m'a fait quitter un monde dans lequel j'avais vécu sans aucun problème matériel et on m'a envoyé dans une ville où j'ai connu la pauvreté et la faim.

Betto: À l'âge de cinq ans?

Castro: Oui, à l'âge de cinq ans; jusque-là, je n'avais jamais su ce que c'était que de souffrir de la faim.

Betto: Pourquoi étiez-vous pauvre?

Castro: J'étais pauvre parce que la famille de mon professeur l'était. Elle était la seule à gagner sa vie dans la famille. Cela se passait pendant la crise des années trente, en 1931 ou en 1932. Dans cette famille, il y avait trois personnes: le père et ses deux filles. Une seule des filles travaillait. Il pouvait arriver qu'elle ne reçoive pas son salaire ou qu'elle le reçoive avec un très long retard. Au cours de la grande crise économique du début des années trente, il était très fréquent de ne pas recevoir son salaire; les gens vivaient donc dans une extrême pauvreté.

Je fus donc envoyé à Santiago de Cuba pour vivre dans une toute petite maison dont le toit fuyait comme une passoire lorsqu'il pleuvait. Cette maison existe encore. Pendant l'année scolaire, mon professeur continuait de travailler à Birán et sa sœur devait vivre de son salaire. Ma famille envoyait 40 pesos pour ma pension, ce qui représente 300 à 400 pesos en pouvoir d'achat de nos jours. Nous étions deux à prendre pension: ma sœur aînée et moi. Pour en revenir à cet état de pauvreté, les salaires ne rentraient pas et ils voulaient économiser. Vous pouvez donc facilement imaginer que très peu d'argent était utilisé pour l'achat de nourriture. Ils devaient nourrir cinq personnes lorsque mon frère Ramón vint se joindre à nous, quelques mois plus tard. Nous recevions une gamelle tous les midis. Ce récipient contenait un peu de riz, quelques fèves, des patates douces, des bananes plantain et d'autres aliments de ce genre. Nous devions partager cela entre les deux repas du midi et du soir, tout d'abord en cinq, puis en six. J'avais un énorme appétit et la nourriture avait toujours l'air si bonne! En fait, j'étais tout simplement affamé. Cela a vraiment été une époque très dure.

La sœur de mon professeur s'est mariée un peu plus tard avec le consul d'Haïti à Santiago de Cuba. Étant donné que mon riche parrain ne s'était pas matérialisé et que je n'étais toujours pas baptisé – j'avais alors cinq ans –, une solution s'imposait pour régler ce problème. Je pense que le fait que l'on m'ait traité de «juif» a un rapport avec certains des préjugés religieux dont nous pourrons discuter plus tard. De toute façon, je fus finalement baptisé et c'est le consul d'Haïti qui est devenu mon parrain, parce qu'il avait épousé Belén, la sœur de mon professeur, qui était une excellente personne. Elle enseignait le piano, mais n'avait ni travail ni élèves.

Betto: Donc, votre parrain n'a pas été le très riche ami de votre père?

Castro: Non, cet homme si riche n'est pas devenu mon parrain. Ce rôle a été dévolu au consul du plus pauvre pays d'Amérique latine à Santiago de Cuba. Mon professeur était une *mestizo*, ou métis, comme l'était également ma marraine.

Betto: Vivent-ils encore?

Castro: Non, ils sont morts tous les deux. Je ne leur en veux pas, même si mon professeur faisait cela pour réaliser un profit sur les 40 pesos que ma famille envoyait chaque mois pour chaque enfant qu'ils gardaient en pension. Je peux vraiment affirmer que cette période de ma vie a été très dure.

Un après-midi, on m'a emmené à la cathédrale de Santiago de Cuba. Je ne me souviens pas de la date. Je devais avoir environ six ans quand j'ai finalement été baptisé. J'ai été aspergé d'eau bénite et baptisé, devenant ainsi un citoyen à part entière, comme tout le monde. J'avais un parrain et une marraine, même s'il ne s'agissait pas du millionnaire que mes parents avaient choisi au départ, Don Fidel Pino Santos. En passant, un de ses neveux est devenu un de nos fidèles compagnons. Il travaille pour la révolution. C'est un économiste remarquable, un bourreau de travail, un compagnon aux très grandes capacités, un communiste. Il est devenu communiste dès sa jeunesse, malgré le fait qu'il était le neveu de l'homme si riche d'après qui j'ai été nommé.

Vous voyez donc comment on peut recevoir un nom qui tombe aussi bien par pur hasard. C'est la seule bonne chose qui me soit arrivée à cette époque.

Betto: Comment s'appelait le consul?

Castro: Luís Hibbert.

Betto: Donc, votre nom aurait pu être Luís Castro?

Castro: En effet, mon nom aurait pu être Luís Castro si mes parents avaient choisi le consul comme parrain dès le départ. C'est vrai qu'il y a eu des Luís très prestigieux dans l'histoire de l'humanité – des rois et des saints. Au fait, savez-vous s'il y a eu un pape qui s'appelait Luís?

Betto: Je ne me souviens pas. Ma connaissance en histoire de la papauté est assez limitée. Mais j'ai un frère qui s'appelle Luís.

Castro: Ils pouvaient attendre six ans pour me faire baptiser, mais ils ne pouvaient pas attendre six ans pour me donner un prénom. Voilà donc l'origine de celui que je dois à un homme bien nanti qui n'était tout de même pas le riche épicurien de la Bible. À dire vrai, je trouve qu'il est triste de parler de personnes mortes il y a longtemps. Mon parrain potentiel était très connu pour sa frugalité excessive. Je ne pense pas qu'il ait jamais rien eu en commun avec son célèbre prédécesseur de la Bible.

Si ma mémoire est bonne, il ne m'a jamais offert de cadeau. Il a prêté de l'argent à mon père en chargeant les intérêts correspondants qui, à l'époque, étaient moins élevés que maintenant – de l'ordre de six pour cent, environ.

Cet homme est devenu plus tard un politicien et il a même posé sa candidature comme député. Bien sûr, vous allez me demander pour quel parti. Eh bien, pour le parti du gouvernement au pouvoir de l'époque, car il a toujours été membre du parti du gouvernement en place.

Lorsque la campagne électorale a débuté, je me souviens que mon père l'appuyait. Vous pouvez donc voir les leçons de démocratie que j'ai pu recevoir dès mon plus jeune âge. Il y avait beaucoup d'argent en circulation chez-nous en période électorale et pour être plus précis, mon père dépensait beaucoup d'argent pour aider son ami à remporter les élections. C'est ainsi que l'on faisait de la politique à cette époque.

Il est certain qu'en tant que propriétaire terrien, mon père contrôlait la grande majorité des votes, parce que beaucoup des paysans ne savaient ni lire ni écrire. On considérait que c'était une très grande faveur que d'obtenir un travail à la campagne et d'avoir la permission de vivre avec toute sa famille sur une terre qui appartenait à quelqu'un d'autre. L'ouvrier agricole qui recevait une telle faveur – ainsi que sa famille – devait être reconnaissant envers le patron qui l'avait engagé et voter pour le candidat de ce dernier. Les patrons étaient en plus des agents électoraux. Qui étaient-ils? Des experts en politique. Cela ne signifie pas qu'ils étaient des conseillers ayant une expertise en sociologie, en droit ou en économie. Ils étaient plutôt d'intelligents fermiers qui avaient obtenu un emploi gouvernemental spécifique ou qui avaient reçu de l'argent pendant les campagnes électorales pour gagner des votes au bénéfice d'un conseiller, d'un maire, d'un gouverneur de province, d'un député, d'un sénateur ou même d'un futur président. Il n'y avait ni télévision ni campagne électorale diffusée à la radio à cette époque-là.

Cela se passait quand j'avais environ 10 ans. À cet âge, je m'y connaissais déjà bien en politique, car j'avais vu beaucoup de choses!

Je me souviens que lorsque je revenais en vacances à la maison et que cela tombait durant une période électorale, le coffre-fort que l'on avait installé dans ma chambre devenait une source de problèmes. Vous savez à quel point les enfants aiment dormir tard, le matin. Dans mon cas, lorsque des élections se préparaient, c'était impossible, parce qu'il y avait énormément de va-et-vient très tôt le matin, dès cinq heures et demie environ. On ouvrait et on refermait constamment le coffre, ce qui s'accompagnait toujours d'un bruit métallique. Les agents électoraux arrivaient et on devait leur donner de l'argent. Tout cela était fait par simple altruisme, car mon père agissait par pure amitié. Je ne me souviens pas qu'en dehors des prêts qu'il lui consentait, cet homme ait aidé mon père à résoudre des problèmes qu'il aurait pu avoir ou qu'il lui ait donné des fonds pour les campagnes politiques. Mon père couvrait toutes ces dépenses de sa propre poche. C'est à cela que ressemblait alors la politique et c'est ce que j'ai appris dans mes jeunes années.

Un certain nombre de personnes contrôlaient une partie des votes, spécialement dans les endroits les plus éloignés, parce que les gens qui vivaient plus près de la ferme étaient directement contrôlés par les employés les plus dignes de confiance. Cependant, les agents électoraux qui avaient le contrôle sur 80 à 100 votes venaient d'endroits situés à plus de 30 ou 40 kilomètres. Par la suite, ces votes devaient apparaître dans les bureaux de vote correspondants, sinon les agents électoraux perdaient leur réputation. Voilà comme se passaient les campagnes électorales en ce temps-là.

L'homme qui aurait du être mon parrain fut élu député. Mon vrai parrain, le consul haïtien celui qui était pauvre, éprouvait des problèmes à cette époque-là. En 1933, le dictateur Machado[24] a été renversé par la révolution. J'avais alors sept ans. Au début, la révolution a entraîné l'adoption de lois nationalistes. À cette époque, beaucoup de personnes étaient sans travail et mouraient littéralement de faim; par exemple, beaucoup de magasins de La Havane qui appartenaient à des Espagnols n'employaient que des ressortissants originaires de la péninsule ibérique. Il y eut une exigence au niveau national pour qu'un pourcentage des emplois soit accordé à des citoyens cubains. En principe, cette exigence était tout à fait juste mais, en pratique, elle a donné lieu en certaines circonstances à des mesures cruelles, car elle a enlevé des emplois à des personnes qui, bien qu'elles fussent étrangères, étaient très pauvres et n'avaient aucun autre moyen de gagner leur vie.

Je me rappelle très bien, et avec une sincère tristesse, comment, par exemple, ils ont commencé à expulser de Santiago de Cuba et de la province d'Oriente les immigrants haïtiens qui y avaient vécu pendant de nombreuses années. Ces Haïtiens avaient quitté leur pays bien des années auparavant, fuyant la famine. Ils faisaient la culture et la récolte de la canne à sucre, et s'imposaient d'énormes sacrifices. Leurs salaires étaient si bas qu'ils étaient pratiquement des esclaves. Je suis certain que les esclaves au dix-neuvième siècle possédaient un plus haut niveau de vie et de meilleures conditions de travail que ces Haïtiens.

On traitait les esclaves comme du bétail, mais on leur donnait de la nourriture et on s'occupait d'eux pour qu'ils vivent et se reproduisent. Ils faisaient partie du capital de toute plantation; ces dizaines de milliers d'Haïtiens ne pouvaient manger que s'ils travaillaient et personne ne se souciait du fait qu'ils puissent mourir de faim. Ils souffraient d'ailleurs de toutes sortes de carences.

La soi-disant révolution de 1933 n'a été en fait qu'un mouvement contre l'injustice et les abus. Elle a permis la nationalisation de la compagnie d'électricité et d'autres entreprises étrangères, ainsi que celle de l'emploi. Au nom de la nationalisation des emplois, des dizaines de milliers d'Haïtiens ont donc été déportés sans pitié vers Haïti. Si je prends en compte nos propres idées sur la révolution, ils ont fait une chose parfaitement inhumaine. Que leur est-il arrivé? Combien d'entre eux ont survécu?

Mon parrain était encore consul d'Haïti à Santiago de Cuba, à cette époque. Un grand paquebot à deux cheminées, le *Lasalle*, est arrivé au port. On m'a emmené pour que je le voie, parce que l'arrivée d'un paquebot à deux cheminées à Santiago de Cuba était toujours un événement sortant de l'ordinaire. Ce paquebot était rempli d'Haïtiens que l'on renvoyait à Haïti après les avoir expulsés de Cuba.

Mon parrain a perdu son emploi et son consulat un peu plus tard, et je pense qu'il n'avait plus aucun revenu – plus rien. Lui aussi est retourné à Haïti. Ma marraine est restée seule pendant de très longues années, et ce n'est que beaucoup plus tard que son mari est revenu. J'étais déjà un adulte à cette époque. Il est allé à Birán, où il s'est réfugié. Il y a habité pendant un certain temps, mais n'avait aucun moyen de gagner sa vie.

Mes premières années à l'école

Durant toute l'époque dont je vous ai parlé, j'étais à Santiago de Cuba, où l'on m'avait envoyé à un très jeune âge. Beaucoup de mes besoins n'y ont jamais été satisfaits et j'ai vécu une période très difficile. Environ un an plus tard, les choses ont commencé à s'améliorer un peu. Mes parents se sont rendu compte des difficultés auxquelles je devais faire face. Ils ont protesté et m'ont ramené à Birán. Mais, peu après, le professeur s'est expliqué et tout le monde s'est réconcilié. Je fus renvoyé à Santiago de Cuba. La situation s'est évidemment améliorée après le scandale qu'il y avait eu. Combien de temps ai-je passé là-bas ? Au moins deux ans.

Au tout début, on ne m'a pas envoyé à l'école. C'est ma grand-mère qui me faisait la classe. Les cours qu'elle me donnait consistait à me faire étudier les tables d'additions, de soustractions, de multiplications et de divisions qui se trouvaient à l'endos de mon cahier. Je les ai apprises par cœur et si bien que je m'en souviens encore aujourd'hui. Il m'arrive de calculer pratiquement aussi vite qu'un ordinateur.

Je n'avais pas de manuels scolaires, seulement mon cahier et quelques notes. J'ai appris l'arithmétique, à lire, à écrire et à prendre des notes. Mon orthographe et mon écriture ont dû s'améliorer un peu. Je pense que j'ai dû rester deux ans comme ça, à attendre que le temps passe. La seule chose utile que j'ai tirée de cette expérience, c'est d'apprendre à vivre dans des conditions précaires et de me sacrifier. Je pense que j'ai été victime d'une certaine exploitation, à cause du revenu que cette famille obtenait de mes parents.

Étant donné que vous avez mentionné nos croyances religieuses, je tiens à vous dire qu'une des choses que l'on nous enseignait, c'était de croire aux Rois mages. Je devais avoir trois ou quatre ans lorsque les Rois mages sont venus pour la première fois. Je me souviens même de ce qu'ils m'avaient apporté: quelques pommes, une petite auto et quelques bonbons.

Le 6 janvier était le jour de l'Épiphanie. On nous avait dit que les Rois mages avaient fait un long voyage pour rendre hommage au petit Jésus lorsqu'il était né et qu'ils venaient tous les ans pour apporter des cadeaux aux enfants.

J'ai passé trois Épiphanies avec la famille de mon professeur, à Santiago de Cuba. C'est pourquoi je sais que j'ai passé au moins deux ans et demi chez ces gens-là.

Betto: Le père Noël capitaliste n'a donc jamais été populaire, à Cuba?

Castro: Non, jamais. Nous avions les trois Rois mages et leurs chameaux. Les enfants écrivaient des lettres au célèbre trio: Gaspar, Melchior et Balthazar. Je me souviens encore très bien des premières lettres que je leur ai écrites quand j'avais cinq ans. Je leur avais demandé à peu près tout: des petites autos, des trains, une caméra pour faire des films... absolument tout. J'écrivais de très longues lettres aux Rois, le 6 janvier. Puis, je mettais de l'herbe sous mon lit avec un peu d'eau. La déception venait par la suite.

Betto: C'est quoi, cette histoire d'herbe?

Castro: Étant donné que les trois Rois mages voyageaient à dos de chameau, on devait fournir à ces derniers un peu d'herbe et d'eau que l'on plaçait sous son lit.

Betto: On mélangeait l'herbe et l'eau?

Castro: On les mélangeait ou on les plaçait l'une à côté de l'autre. Oui, on devait fournir de la nourriture et de l'eau pour les chameaux, spécialement si on voulait que les trois Rois mages nous laissent des cadeaux, tout ce que l'on pouvait avoir demandé.

Betto: Et les trois Rois mages, eux, que mangeaient-ils?

Castro: Eh bien, je ne le sais pas. Personne ne pensait à laisser de la nourriture aux Rois mages. C'est peut-être bien pour cette raison-là qu'ils n'étaient pas généreux à mon égard. Les chameaux mangeaient l'herbe et buvaient l'eau; cependant, je ne recevais que très peu de cadeaux en échange. Je me rappelle que mon premier cadeau a été une petite trompette en carton dont l'embouchure était en métal, en aluminium, je crois. La trompette avait la taille d'un crayon.

J'ai reçu une trompette en cadeau trois années de suite. J'aurais dû faire une carrière de musicien! La trompette que j'ai reçue la deuxième année était moitié en carton, moitié en aluminium. La troisième fois, la trompette avait trois clés et était complètement en métal.

À cette époque, j'allais à l'école. Quand j'ai fini mes trois ans à cet endroit, on m'a envoyé dans une autre école, plus loin. Et c'est alors qu'ont eu lieu les changements.

L'école La Salle

Après avoir été à Santiago de Cuba pendant un an et demi ou deux, on m'a envoyé à l'école La Salle, qui se trouvait à environ six pâtés de maisons plus loin. Je partais à l'école le matin et je rentrais déjeuner à la maison. Nous avions droit à un déjeuner, à cette époque-là. Nous n'éprouvions plus le problème de la faim. Après le repas de midi, nous retournions à l'école. Le consul haïtien, mon parrain, vivait encore avec nous à l'époque où j'ai commencé à fréquenter l'école La Salle. J'ai fait un immense bond en avant lorsque j'ai commencé à y aller.

On nous y enseignait de façon systématique le catéchisme, la religion et des éléments de l'histoire de la Bible. Je devais avoir six ans et demi ou sept ans, mais ils m'ont gardé en première année. Je savais déjà lire et écrire et pourtant, ils m'ont fait perdre deux ans J'aurais du être en troisième année.

Dès que j'ai commencé à fréquenter cette école, mon éducation est devenue systématique. Les grandes améliorations se situaient aux niveaux matériel et environnemental. Pour la première fois, j'avais des professeurs, des cours, des amis avec qui jouer, et je participais à toutes sortes d'activités que j'avais manquées du temps où j'étais un élève isolé qui apprenait l'arithmétique sur l'endos d'un cahier. Cela a duré jusqu'à ce que je commette mon premier acte de rébellion, alors que j'étais encore bien jeune.

Betto: Qu'est-ce qui a causé cet acte de rébellion?

Castro: J'en avais assez de toute cette situation. Je recevais souvent la fessée à la maison de mon professeur, et si je ne me conduisais pas bien, j'étais constamment menacé d'être envoyé en pension. Un beau jour, j'ai réalisé que je serais bien mieux en pension que dans cette maison.

Betto: Qui vous faisait ces menaces? Votre frère et votre sœur?

Castro: Ma marraine et mon parrain, le professeur quand elle venait en vacances, bref, tout le monde.

Betto: Comment vous êtes-vous rebellé?

Castro: Ma marraine et mon parrain avaient reçu une éducation à la française. Je ne me rappelle plus comment, mais ils parlaient un excellent français. Il se peut qu'ils aient vécu en France ou qu'ils aient été à l'école à Haïti. Ils avaient des manières parfaites qu'ils m'avaient enseignées dès mon plus jeune âge. Entre autres choses, il ne fallait jamais rien demander. Les enfants les plus pauvres avaient un sou pour acheter ce que l'on nommait un *rayado* ou un *granizado*, un cornet de neige, mais moi, je ne pouvais rien leur demander. C'était interdit, selon les règles de l'éducation française. Si je demandais à l'un de mes camarades de m'en donner un peu, il répondait «Tu mendies! Je vais te dénoncer!» à cause de la grande pauvreté dans laquelle ils vivaient tous et parce que cet égoïsme est typique aux enfants. Ils connaissaient bien les règles auxquelles je devais obéir.

Cette famille avait établi un code et je ne le critique pas. Nous étions soumis à une discipline très stricte. Nous ne devions pas élever la voix. Naturellement, il était interdit d'utiliser des gros mots. Lorsqu'ils m'ont menacé de m'envoyer en pension, j'en avais déjà assez et j'avais vu clair dans leur petit jeu. J'ai réalisé que l'on m'avait littéralement affamé et que j'avais été traité injustement. Je ne vous ai pas tout raconté en détail parce que je ne veux pas faire une autobiographie de ce témoignage; je veux seulement aborder les sujets susceptibles de se révéler de quelque intérêt.

Donc, un beau jour, à l'école, j'ai fait exprès de violer tous les règlements et toutes les lois. C'était un acte de rébellion conscient qui avait pour but de me faire expédier en pension. J'ai donc élevé la voix et je leur ai dit tous les gros mots possibles, tous les mots que l'on m'interdisait d'utiliser. Voilà donc l'histoire de ma première – et non ma dernière – rébellion. J'étais en première année et je devais avoir tout au plus sept ans.

Betto: Alors, on vous a finalement envoyé en pension?

Castro: Oui, et j'ai commencé à être heureux. La pension signifiait, pour moi, la liberté.

Betto: Combien de temps êtes-vous resté à la pension de l'école La Salle?

Castro: Presque quatre ans. J'y suis resté à partir de la seconde moitié de la première année. Étant donné que j'avais d'excellentes notes, on m'a fait passer directement en cinquième année quand je suis sorti de la troisième et j'ai donc rattrapé ainsi une des années que j'avais perdues.

Betto: Quel genre d'enseignement religieux y avez-vous reçu? La religion était-elle présentée comme quelque chose de joyeux et de bon ou vous parlait-on souvent de l'enfer, des punitions et de Dieu? Comment cela se passait-il? Y avait-il beaucoup d'emphase sur la messe, les sacrifices et la pénitence ou bien les choses vous étaient-elles présentées de façon plus positive? Quel genre de souvenir en avez-vous?

Castro: Je me souviens de plusieurs époques, parce que je suis allé dans trois écoles différentes à différents moments de ma vie. Il m'était très difficile de me forger une opinion sur ce sujet par rapport à la première époque.

D'abord, j'étais loin de ma famille. J'avais été envoyé à Santiago de Cuba et cela, en soi, me causait des problèmes. J'étais loin de ma famille, de ma maison, de l'endroit que j'aimais et où j'avais l'habitude de jouer, de courir et de jouir d'une certaine liberté. Et puis, du jour au lendemain, j'ai été envoyé dans une ville où j'ai vécu des moments pas très drôles et où j'ai dû faire face à des problèmes purement matériels. J'étais loin de ma famille et j'habitais avec des gens qui n'étaient pas des parents et à qui j'avais été confié. Je n'en pouvais plus de la vie que je menais dans cette maison, avec cette famille et ses règlements. Je n'avais aucun problème religieux mais plutôt des problèmes matériels, et il fallait que je règle ma situation personnelle. J'ai agi par instinct ou par intuition, ce qui était ma façon de fonctionner, et j'ai désobéi à cette autorité.

C'est là que les choses ont changé. Il y a eu une nette amélioration dans ma vie lorsque j'ai été envoyé en pension. Après les cours, je pouvais jouer dans la cour de récréation avec les autres garçons. Je n'étais plus seul et, une ou deux fois par semaine, on nous emmenait à la campagne ou à la plage. Nous nous rendions sur une petite péninsule située dans la baie de Santiago de Cuba, là où, à l'heure actuelle, on trouve une raffinerie de pétrole et d'autres industries. Les frères des Écoles chrétiennes y avaient loué un emplacement tout près de la grève. Ils y avaient installé du matériel de sport et de plage. Ils nous y emmenaient tous les jeudis, parce que nous n'avions pas de cours le jeudi et le dimanche. Ils avaient divisé la semaine en deux parties: trois jours de classe, un jour de congé, et à nouveau deux jours de classe. J'étais très heureux dans cette pension, car j'allais à la plage deux fois par semaine et parce que je me sentais libre. Je pêchais, je nageais, je faisais des excursions et je participais aux sports. Je me sentais beaucoup plus impliqué et j'étais beaucoup plus intéressé par ces choses.

L'instruction religieuse, le catéchisme, la messe et les autres activités faisaient partie de la routine quotidienne normale, tout comme les cours et les périodes d'étude. À cette époque comme maintenant, où j'ai de très nombreuses réunions, ce que préférais, c'étaient les vacances. L'instruction religieuse était alors quelque chose de tout à fait naturel. Je ne pouvais émettre aucun jugement de valeur à cette époque.

Betto: Parler de péché ne vous faisait pas peur? Insistait-on beaucoup sur le sujet?

Castro: Je n'ai pris conscience de ce problème que beaucoup plus tard, pas au cours de cette première étape.

J'étudiais la religion à ce moment-là, tout comme j'étudiais l'histoire de Cuba. Nous acceptions tout sur le commencement du monde et tout ce que cela comportait comme faits naturels. Personne ne nous demandait d'y réfléchir. Je me préoccupais davantage des sports, de la plage, de la nature et, bien sûr, de l'étude des différentes matières qui nous étaient enseignées. Je n'avais aucun penchant pour la religion et aucune vocation. C'est un fait.

Nous avions des vacances tous les trois mois et nous retournions chez nous à la campagne. La campagne, c'était la liberté.

La veille de Noël, par exemple, était une chose merveilleuse parce que cela signifiait deux semaines de vacances. Pas n'importe quelles vacances, mais deux semaines de fêtes et de toutes sortes de bonnes choses: des biscuits, des bonbons et du nougat. Il y en avait beaucoup chez nous. Beaucoup de produits de Noël traditionnels étaient importés d'Espagne pour cette période. Lorsque ce moment approchait, nous étions tous énervés, à partir du moment où nous montions dans le train et que nous continuions notre voyage à cheval jusqu'à notre arrivée à la maison. Les routes étaient pleines d'ornières. Les premiers temps, il n'y avait pas de voiture à la maison, pas même d'électricité. Nous avons eu l'électricité un peu plus tard. À la campagne, nous utilisions des bougies pour nous éclairer.

Étant donné qu'en ville nous avions souffert de la faim et de réclusion, le fait d'avoir tout cet espace, la garantie d'être bien nourris et de vivre dans une atmosphère de fêtes pendant toute la période des fêtes, de la veille de Noël à l'Épiphanie, était très attirant pour nous. Nous avons vite appris, par contre, que les trois Rois mages n'existaient pas. C'est l'une des choses qui nous a rendus sceptiques. Nous avons commencé à découvrir que c'étaient les parents qui nous apportaient les jouets. Les adultes eux-mêmes nous ont volé trop tôt notre innocence. Cela ne veut pas dire que je sois contre cette tradition – je ne veux pas émettre de jugement de valeur sur ce point –, mais nous avons vite appris que nous avions été trompés.

Les vacances de Noël représentaient une époque très joyeuse. La Semaine sainte représentait une autre époque merveilleuse, parce que nous avions de nouveau le droit de passer une semaine à la maison. Et puis, il y avait les grandes vacances d'été. Nous allions nager dans les rivières, nous courions à travers bois, nous chassions avec notre lance-pierre et nous montions à cheval. Nous vivions en contact direct avec la nature et nous étions pratiquement libres, pendant ces moments-là. C'est à cela qu'a ressemblé mon enfance.

Je suis né à la campagne et j'y ai vécu jusqu'à ce que les problèmes dont je vous ai déjà parlé surviennent. Lorsqu'on entre en troisième ou en cinquième année, on commence à apprendre beaucoup plus et à mieux observer les choses.

À la campagne, la Semaine sainte était synonyme de journées de grande solennité. Qu'en disait-on? Que le Christ était mort le Vendredi saint. Tous les ans, cette journée-là, on ne pouvait pas parler, raconter des blagues ou être heureux, parce que le Christ était mort et que des juifs l'avaient tué. Voilà un autre cas où les accusations ou les croyances populaires ont été la cause de bien des tragédies et de préjugés historiques. Je vous l'ai déjà raconté, je ne savais pas ce que ce terme signifiait; au début, j'ai cru que c'étaient ces oiseaux, nommés *judios* (juifs), qui avaient tué le Christ.

On devait manger du poisson, et aucune viande. Puis arrivait le Samedi saint, qui était un jour de fête bien que, comme je le comprenais, la résurrection ne s'était pas encore produite. Mais on avait l'habitude de dire: «Samedi saint, jour de fête, Vendredi saint, jour de silence et de deuil.» Les magasins à la campagne étaient très achalandés le Samedi saint, et il y avait des fêtes et des combats de coqs qui duraient jusqu'au dimanche de Pâques.

Je dois dire qu'à cette époque j'étais beaucoup plus absorbé par les questions dont je vous ai parlé; je n'étais pas en mesure d'évaluer alors l'enseignement religieux. J'ai cependant réalisé, après un certain temps, que tout était enseigné comme l'arithmétique: cinq fois cinq font vingt-cinq. C'est exactement comme cela que la religion était enseignée.

Betto: Les frères semblaient-ils être davantage des enseignants que des religieux ou étaient-ils également de bons religieux?

Castro: Eh bien, les frères des Écoles chrétiennes n'étaient pas vraiment des prêtres. Ils n'avaient pas reçu une formation de prêtre. Ils constituaient un ordre beaucoup moins strict que celui des jésuites. Je l'ai réalisé plus tard, lorsque je suis allé à l'école chez ces derniers.

Des conflits sont apparus à l'école des frères des Écoles chrétiennes. C'est là que je me suis rebellé pour la seconde fois. L'enseignement n'y était pas mauvais, et l'organisation des activités étudiantes non plus. Il y avait environ 36 pensionnaires et, comme je vous l'ai raconté, nous avions des sorties tous les jeudis et tous les dimanches. La nourriture était mangeable et la vie en général n'y était pas mauvaise.

Ces frères n'avaient pas la formation qu'ont les jésuites. De plus, il leur arrivait d'utiliser parfois des méthodes vraiment répréhensibles. Quelques professeurs et des frères en situation d'autorité frappaient les élèves de temps à autre. J'ai eu à faire face à un conflit relativement à un accrochage que j'ai eu avec un autre élève. Il s'agissait d'une petite dispute typique entre camarades, mais j'ai pu voir à quel point on utilisait contre les élèves une forme de violence qui serait aujourd'hui blâmée. C'était la première fois qu'un frère responsable des élèves me frappait avec autant de violence. Il m'a frappé sur les deux joues. J'ai trouvé cela dégradant et abusif. J'étais en troisième année et je ne l'ai jamais oublié. Plus tard, alors que j'étais en cinquième, j'ai été à nouveau frappé sur la tête par deux fois. La dernière fois que cela s'est produit, je ne l'ai pas supporté, et cela a mis fin à cette confrontation personnelle et violente entre moi et le moniteur. J'ai décidé que je ne retournerais plus à cette école.

J'ai également été témoin de certaines formes de favoritisme envers certains élèves de l'établissement. J'ai vu aussi le rôle que pouvait avoir l'argent. J'étais tout à fait conscient que les frères manifestaient beaucoup d'intérêt envers ma famille et que nous recevions un traitement de faveur parce que nous possédions beaucoup de terres et que nous étions considérés comme étant riches. En d'autres mots, j'ai vu clairement que les intérêts matériels et le respect étaient liés à la richesse.

Les professeurs de l'école La Salle n'imposaient pas autant de discipline que les jésuites. Je devrais plutôt dire qu'ils étaient moins stricts et que leur éthique n'était pas aussi structurée.

C'est une critique que je fais tout en reconnaissant le côté positif des choses: les élèves étaient en contact avec la nature, ils pratiquaient des activités et recevaient une bonne éducation. Cependant, les frères frappaient les élèves d'une façon monstrueuse et inacceptable. Il y avait de la discipline, et je n'ai rien contre. Elle est nécessaire. Mais à mesure que l'on vieillit, en cinquième année, par exemple, on acquiert un sens de la dignité, et les méthodes violentes, les châtiments physiques deviennent alors intolérables.

Le collège Dolores

Betto: Parlons maintenant des jésuites. Comment l'école s'appelait-elle?

Castro: Il s'agissait du collège Dolores, l'école de Notre-Dame-des-Sept-Douleurs, de Santiago de Cuba. Une école prestigieuse, pour les riches.

Betto: Quand avez-vous commencé à y être pensionnaire?

Castro: Au tout début, j'y suis allé à l'essai. Je n'étais pas pensionnaire. Je vivais dans la maison d'un homme d'affaires, un ami de mon père. J'ai été confronté à une nouvelle expérience: celle de changer d'école. C'était un établissement beaucoup plus dur et j'ai trouvé très peu de compréhension chez les adultes qui s'occupaient de moi. Il s'agissait d'une de ces familles qui prend en charge l'enfant de quelqu'un d'autre davantage par amitié pour la famille que par bonté pour l'enfant. Il y avait des intérêts économiques en jeu et, bien sûr une relation différente s'est établie. Je n'étais pas leur fils et ils ne pouvaient me traiter comme tel.

Il vaut bien mieux être pensionnaire. Je suis convaincu que de vivre dans la maison d'un ami de la famille n'est pas à conseiller, sauf si les gens sont gentils. De telles personnes existent, mais la société dans laquelle j'ai grandi était une société en difficulté. Les gens devaient consentir à nombre de sacrifices. En y réfléchissant bien, cette société a engendré beaucoup d'égoïsme, car les personnes voulaient tirer quelque chose de chaque situation, plutôt que d'encourager la générosité et la bonté.

Betto: Et on considérait que cette société était chrétienne?

Castro: Il y a beaucoup de monde, à l'heure actuelle, qui se considèrent chrétiens mais qui font d'horribles choses. Pinochet, Reagan et Botha se disent chrétiens.

Les personnes avec lesquelles je vivais pratiquaient le christianisme, c'est-à-dire qu'elles allaient à la messe. Pouvait-on dire du mal à leur sujet? Non, pas plus que je peux dire que ma marraine était une mauvaise personne parce qu'elle se privait de nourriture comme elle nous en privait tous. Elle n'avait aucune prise sur ce qui se passait dans cette maison à cette époque-là. C'est sa sœur qui avait le contrôle. C'est elle qui recevait le salaire, l'argent de la pension, et qui administrait les rentrées d'argent. C'était vraiment une bonne et noble personne. Cependant, elle ne vivait pas avec un fils, avec lequel elle aurait eu un autre type de relation, mais plutôt avec un étranger qui vivait dans sa maison.

J'étais donc en cinquième année lorsque je suis allé vivre dans la famille de cet homme d'affaires. Je ne peux pas dire que c'étaient de mauvaises gens, mais ils ne faisaient pas partie de ma famille. Ils se chargeaient d'appliquer des règles arbitraires et très strictes. Ils ne tenaient pas compte, par exemple, du fait que j'avais eu des problèmes à l'autre école, comme je l'ai expliqué, et que j'avais été transféré dans une école plus stricte. Ils ne prenaient pas du tout en ligne de compte le fait que je devais m'adapter à un nouvel établissement et à de nouveaux professeurs. Ils voulaient que j'obtienne les meilleures notes; je dirais même qu'ils l'exigeaient. Sinon, je ne recevais pas l'équivalent des dix cents par semaine pour aller au cinéma, les cinq cents pour acheter une crème glacée après le spectacle et les cinq cents pour acheter, le jeudi, des revues de bandes dessinées. Je m'en souviens très bien. Il y avait des bandes dessinées à cinq cents qui venaient d'Argentine, un hebdomadaire qui s'appelait *El Gorrión (Le moineau domestique).* Je lisais aussi des romans, notamment *De Tal Palo, Tal Astilla (Tel père, tel fils)*. L'allocation normale que je touchais chaque semaine était de vingt-cinq cents. Si mes notes n'étaient pas assez élevées, je ne recevais rien. Cette mesure était arbitraire et totalement injuste, parce qu'on ne tenait pas compte des nouvelles circonstances de ma vie. Ce n'était vraiment pas l'approche psychologique à avoir avec un enfant de onze ans.

Pourquoi voulaient-ils à ce point que j'obtienne de bonnes notes? C'était en grande partie une question d'orgueil et de vanité, mais il y avait également d'autres raisons. Les personnes qui avaient des enfants fréquentant cette école, qu'ils soient pensionnaires ou non, tiraient orgueil de ce fait, et c'était pour eux un signe de réussite sociale. Lorsque j'étais enfant, j'ai beaucoup souffert de ce genre de choses. Je n'avais personne pour me guider.

J'ai commencé à fréquenter cette école en tant qu'externe après les vacances de Noël, à la suite d'âpres discussions à la maison. J'ai dû beaucoup argumenter chez moi et exiger que l'on me change d'école. Il me fallut être très persuasif, parce que les responsables de mon autre école avaient raconté à mes parents que je m'étais mal conduit et ces propos arbitraires les avaient influencés. J'ai vraiment insisté pour avoir la permission d'aller étudier ailleurs. Je savais d'où venait le problème: il avait pour origine un acte de violence et la punition subies par un élève. Mes idées sur ce sujet étaient très nettes. Elles étaient dictées par mon instinct et par certaines notions de justice et de dignité qui étaient en train de se développer chez moi. Dès mon plus jeune âge, je m'étais aperçu des injustices dont j'étais victime. J'ai commencé à reconnaître des valeurs dont j'étais très conscient. J'ai dû exiger très fermement d'être envoyé au loin pour étudier – pas forcément par amour des études, mais davantage parce que j'avais ressenti qu'une injustice avait été commise à mon égard. Ma mère m'appuyait. Je l'avais convaincue en premier et elle avait convaincu mon père par la suite. Ils m'ont donc renvoyé à Santiago de Cuba comme externe. Quand j'y suis arrivé, j'ai commencé à faire face aux problèmes dont je vous ai parlé.

L'été est arrivé et ils m'ont laissé à Santiago de Cuba parce que ma sœur aînée y restait pour étudier. Une enseignante noire, qui vivait à Santiago, venait lui donner des cours privés. Elle avait de très bonnes méthodes d'enseignement. Elle se nommait professeur Danger. Oui, c'était son nom. Étant donné que je n'avais rien à faire pendant ces vacances, je suivais les cours avec ma sœur qui se préparait à entrer au lycée. Je répondais à toutes les questions dans toutes les matières que cette dame enseignait, avec le résultat qu'elle a vraiment commencé à s'intéresser à moi. Je n'étais pas assez vieux pour entrer au lycée, et elle a donc commencé à préparer un programme d'études pour nous deux pour la période de temps précédant le lycée et pendant l'année scolaire. Ainsi, lorsque j'aurais l'âge, je serais en mesure de me présenter aux examens d'entrée du lycée. Elle est la première personne qui m'ait encouragé, qui m'ait fixé des objectifs, qui m'ait motivé. Elle a fait en sorte que, très jeune, je m'intéresse aux études. Je pense qu'on peut encourager les enfants aux études à cet âge en leur assignant des objectifs spécifiques. Je devais avoir alors dix ou onze ans.

Une autre étape s'est amorcée. Lorsque l'école a recommencé, après ces vacances, j'ai dû me rendre à l'hôpital pour me faire enlever l'appendice. Je n'avais pas eu grand-chose, si ce n'est de légers malaises, mais, en ces temps-là, tout le monde se faisait enlever l'appendice. La plaie s'est infectée et j'ai passé trois mois à l'hôpital. Toute la planification du professeur s'est donc envolée et j'ai commencé ma sixième à la fin du premier trimestre.

Après cela, j'ai décidé d'être pensionnaire à l'école. J'en avais assez de ma situation d'externe et, à la fin du trimestre, j'ai suggéré – ou plutôt, exigé – d'être pensionnaire. J'étais devenu un expert dans ce genre de dispute. J'ai donc décidé de créer une situation qui ne laisserait à ma famille d'autre choix que de m'envoyer pensionnaire. C'est ainsi qu'entre la première et la sixième, j'ai dû engager trois batailles avec ma famille pour résoudre trois problèmes.

Lorsque je suis devenu pensionnaire, en sixième, j'ai tout de suite récolté d'excellentes notes et, en septième, j'étais parmi les meilleurs élèves de ma classe. J'ai également gagné et réussi à bien d'autres points de vue, à cause des sports et des voyages à la campagne. J'aimais beaucoup les sports, spécialement le basket-ball, le football, le volley et le base-ball.

Je pratiquais tous les sports possibles. J'y avais trouvé un moyen de me divertir et j'y investissais toute mon énergie.

J'étais dans une école où les professeurs étaient plus exigeants, mieux formés, et dont la vocation religieuse était plus profonde. Ils étaient plus dévoués et plus disciplinés que ceux de l'école La Salle, et incomparablement meilleurs. Je pense que cette formation a été pour moi des plus bénéfiques. J'ai rencontré dans cet établissement un autre genre de personnes: des professeurs et des gens intéressés à façonner le caractère des étudiants. C'étaient des Espagnols. Je pense qu'en général les traditions vont de pair avec les jésuites, et leur esprit d'organisation militaire s'accorde très bien avec la personnalité hispanique. Ils étaient rigoureux, exigeants, et s'intéressaient à leurs étudiants, à former leur caractère et à inspirer leur conduite.

Autrement dit, j'ai acquis une éthique et des habitudes qui n'étaient pas forcément religieuses. J'ai été influencé par l'autorité des professeurs et par leurs valeurs morales. Ils favorisaient les sports, les excursions et les randonnées en montagne, et j'adorais cela. Il m'est arrivé de faire attendre pendant deux heures tout un groupe d'élèves alors que j'escaladais une montagne. Cependant, ils ne m'ont pas adressé un seul reproche, car ils appréciaient l'effort que je faisais. Ils voyaient cela comme le signe d'un esprit entreprenant et la preuve d'une personnalité tenace. Ces activités avaient beau être risquées et dangereuses, cela ne les décourageait pas pour autant.

Betto: Ils ne rêvaient jamais qu'ils s'entraînaient dans le but d'organiser une guérilla?

Castro: Pas plus que je rêvais de me préparer pour être un guérillero, mais, chaque fois que je voyais une montagne, j'étais saisi par le défi de l'escalader, d'aller jusqu'à son sommet. Comment m'encourageaient-ils? Je pense qu'ils ne mettaient jamais d'obstacle sur mon chemin. Comme je le disais, il pouvait arriver que l'autobus, rempli d'élèves, m'attende pendant deux heures. D'autres fois, alors qu'il tombait une pluie diluvienne, je décidais, non sans risque, de traverser des rivières à la nage. Ils m'attendaient toujours et personne ne me critiquait. En d'autres mots, s'ils voyaient qu'un de leurs élèves possédait le sens de l'aventure, un esprit de sacrifice et qu'il ne ménageait pas ses efforts, ils l'encourageaient. Ils ne faisaient pas des êtres faibles des jeunes gens qui leur étaient confiés. Les jésuites se sentaient beaucoup plus concernés que les autres éducateurs par la formation du caractère de leurs élèves.

Je suis cependant tout à fait en désaccord avec les idées politiques qu'ils entretenaient. Et je suis également en désaccord avec la façon dont on nous enseignait la religion.

La foi et les croyances

Vous pouvez tirer vos propres conclusions sur la façon dont mon caractère a été formé, grâce aux problèmes et aux difficultés que j'ai dû surmonter, et à la lumière des tentatives, des conflits et des rébellions que j'ai dû affronter alors que je n'avais ni guide ni conseiller pour m'aider. Je n'ai jamais vraiment eu quelqu'un pour me guider. La personne qui ressemblait le plus à un guide a été cette enseignante noire, à Santiago de Cuba. Elle m'avait fixé des objectifs et elle était une source d'inspiration. Mais tout s'est écroulé quand je suis tombé malade au début de l'année scolaire et quand j'ai dû rester trois mois à l'hôpital.

Comme vous pouvez le voir, toutes les malchances que j'ai pu accumuler au cours de ma vie n'ont pas créé des conditions favorables à vivre un fort sentiment religieux. Ces conditions ont plutôt contribué fortement à éveiller ma vocation politique et révolutionnaire.

Betto: Vous rappelez-vous de la mission religieuse de ces jésuites? Était-elle positive ou négative? Se préoccupaient-ils de la vie quotidienne des gens ou étaient-ils plus orientés vers le ciel et la rédemption des âmes? Vous souvenez-vous de la manière dont cela se passait?

Castro: Je suis meilleur juge à l'heure actuelle, car, après tout, j'ai également fréquenté un lycée tenu par des jésuites. Lorsque j'examine ce qui m'a influencé, je pense que, d'une certaine manière, il n'y avait rien de positif. Tout était trop dogmatique: «C'est ainsi parce que c'est ainsi. Point final», nous disait-on. Vous deviez croire, même si vous ne compreniez pas. Si vous ne le faisiez pas, c'était une faute, un péché, quelque chose qui méritait une punition. Je dois dire que la logique ne tenait aucun rôle. On se gardait bien de développer le raisonnement ou les sentiments.

Il me semble que la foi en matière de religion, tout comme les croyances politiques, doit être basée sur le raisonnement, sur le développement des sentiments et de la pensée. Ces deux choses sont inséparables.

Betto: Je ne veux pas me trouver pris dans une querelle entre jésuites et dominicains, mais les dominicains ont la réputation de mettre davantage en valeur l'intelligence de la foi, tandis que les jésuites mettent plus d'emphase sur la volonté.

Castro: J'accepte le fait que certaines personnes puissent manifester une tendance spéciale, un esprit mystique, une belle vocation religieuse, une plus grande prédisposition pour la foi que d'autres. J'aurais pu facilement m'ouvrir à ce raisonnement et je pense que j'avais des aptitudes pour développer chez moi le sens religieux. Mais il était impossible de m'inculquer une foi profonde, parce que la religion m'était enseignée de façon purement dogmatique.

Si vous devez accepter certaines choses parce qu'il s'agit d'un ordre, vous ne pouvez les contester ni essayer de les comprendre. De plus, si le motif premier est la récompense ou la punition – plus souvent la punition que la récompense, d'ailleurs –, il est impossible de développer un raisonnement ou des sentiments qui puissent être à la base de toute croyance religieuse. En rétrospective, c'est cela que je pense.

La récompense était très abstraite. Pour un enfant, il était beaucoup plus difficile d'imaginer des récompenses abstraites ayant comme base la contemplation, un état de bonheur projeté dans l'éternité, qu'une punition. Il est plus facile d'expliquer une punition. Un enfant est mieux préparé à comprendre les punitions, un enfer éternel, la douleur et le feu de l'enfer pour toujours. On insistait lourdement sur la punition et je pense qu'il est mauvais de contribuer à ce genre de croyance chez un être humain. Un peu plus tard, lorsque mes croyances et ma foi se sont formées pour la politique, j'ai toujours soutenu des valeurs précises. Je n'ai jamais été capable d'accepter qu'une croyance puisse avoir comme base quelque chose que l'on ne comprenne pas ou qui soit inspiré par la crainte ou la promesse d'une récompense.

Je crois que les croyances religieuses que peuvent avoir certaines personnes doivent avoir comme base des raisons que l'on peut comprendre, ou la valeur intrinsèque de leurs actions.

Betto: Sans aucun lien avec une récompense ou un châtiment?

Castro: C'est exact. Je pense que ce que l'on accomplit par peur d'une punition ou dans le but de toucher une récompense n'a rien à voir avec l'altruisme ou la noblesse. Cela ne mérite ni louanges, ni admiration, ni estime. Dans ma vie et dans mes concepts de révolutionnaire, lorsque j'ai dû impliquer des personnes et les placer dans des situations très difficiles, les soumettre à des tests où ils devaient faire totalement preuve d'un esprit de sacrifice et d'altruisme, la chose la plus admirable que l'on pouvait remarquer était qu'elles n'étaient nullement motivées par une idée de récompense ou de punition. L'Église est passée par bien des procès. Elle a subi bien des avanies au cours des siècles, a souffert à travers ses martyrs et y a fait face. Je pense que l'on ne peut expliquer cela à moins d'être animé d'une foi profonde.

Je pense que c'est la foi qui a fait les martyrs. Je ne pense pas que quelqu'un puisse devenir un martyr seulement parce qu'il s'attend à une récompense ou à une punition. Je ne pense pas que l'on puisse se comporter de façon héroïque pour une telle raison.

Tous les martyrs de l'Église ont été poussés par des sentiments de loyauté, parce qu'ils croyaient fermement en quelque chose. L'idée d'un au-delà, où ils devaient recevoir une récompense pour leurs actions, a pu les aider un tant soit peu, mais je ne pense pas que c'était là la raison principale. En général, les personnes qui agissent par peur craignent le feu, le martyre et, encore plus, la torture. Ils n'osent pas braver ces peurs. Je pense que, tout au long de l'histoire de l'Église, les martyrs ont dû être motivés par autre chose qui les inspirait davantage que la peur ou le châtiment. Je trouve cela beaucoup plus facile à comprendre.

Nous avons fait appel au sacrifice de soi et, quelquefois, au martyre, à l'héroïsme et à la mort. Je pense qu'une personne qui donne sa vie pour une idée révolutionnaire et qui va au combat tout en sachant qu'elle peut mourir a beaucoup de mérite. Bien que l'on sache qu'il n'y a rien après la mort, on appuie l'idée, la valeur morale tellement fermement qu'on la défend avec tout ce qu'on possède – sans s'attendre à une récompense ou à une punition.

Je dirais, au fond, qu'il s'agissait-là des arguments les plus faibles que nous recevions de l'enseignement religieux. Je ne pense pas que cet enseignement ait réussi à faire un saint de l'un d'entre nous. Il n'y avait pas beaucoup de pensionnaires – environ une trentaine – dans cette école qui comptait environ deux cents élèves. À l'école des jésuites, nous étions mille élèves, dont deux cents étaient pensionnaires. Il n'en est pas sorti beaucoup de prêtres. Je doute que, parmi les mille élèves, on ait trouvé plus tard ne serait-ce que dix prêtres...

Prise de conscience des différences sociales

Betto: Y avait-il de la discrimination raciale ou sociale, dans cet établissement?

Castro: Indiscutablement. Tout d'abord, il s'agissait d'une institution privée. Les jésuites n'avaient cependant pas le profit comme motif principal. Les frères des Écoles chrétiennes n'étaient pas motivés par le profit non plus, mais ils attachaient de l'importance au prestige qu'apporte l'argent. Les frais de scolarité n'étaient pas élevés. La pension chez les jésuites coûtait 30 pesos par mois. Un peso équivalait à un dollar de l'époque. Je parle de 1937; j'avais alors dix ans et demi ou onze ans.

Les frais couvraient la pension complète et les sorties. La nourriture n'était pas mauvaise. Dans cet établissement, on dispensait certains soins de santé et les élèves payaient pour faire partie d'une société médicale coopérative, une mutuelle. Pour quoi que ce soit de plus sérieux, on nous envoyait à l'hôpital.

Nous avions l'eau courante. Bien entendu, si nous voulions faire laver nos vêtements, il fallait payer à part. Les manuels scolaires étaient en supplément, eux aussi. Mais pour tout le reste, les cours, la nourriture, les sports, 30 pesos par mois, ce n'était vraiment pas cher quand on pense au personnel dont ils avaient besoin pour faire la cuisine, assurer le transport et s'occuper de l'entretien de l'école.

Cela n'était possible que parce que les jésuites ne recevaient aucun salaire. Ils ne recevaient que la nourriture et vivaient de façon très dépouillée. Il y avait quelques professeurs laïques qui, naturellement, recevaient un petit salaire. De plus, l'administration était très rigoureuse. Les jésuites étaient austères, stricts; ils avaient l'esprit de sacrifice, et travaillaient sans relâche. Ils contribuaient à l'effort de la collectivité et réduisaient les frais de fonctionnement. S'ils avaient été des laïcs gagnant un salaire et recevant des avantages sociaux, les frais de scolarité n'auraient pas été de 30 pesos par mois. Ils auraient représenté le double ou le triple de cette somme, même si notre pouvoir d'achat était alors plus grand.

Pourtant, seulement une poignée de personnes pouvait se permettre de payer 30 pesos par mois. Les externes payaient de 8 à 10 pesos par mois. Cela signifie que pour 20 pesos de plus, j'avais tout le reste.

Betto: Aviez-vous des camarades de classe noirs?

Castro: Laissez-moi vous expliquer. Pour commencer, l'école était collet monté et réservée aux quelques familles de la campagne dont je faisais partie, ou encore aux riches habitants des petites villes de l'intérieur de la province. Comme je vous l'ai dit, à cette école, on trouvait environ 200 externes et 30 pensionnaires. Peu de familles avaient les moyens d'y envoyer leurs enfants, car elles devaient également défrayer les frais de transport et d'habillement, ce qui revenait à environ 40 pesos par mois, par enfant. Le pensionnaire devait également avoir un peu d'argent de poche pour s'acheter des glaces, des bonbons ou d'autres friandises. Cela représentait donc quelque 50 dollars par mois et par enfant.

C'est pourquoi ce genre d'institution, une école privée, était le privilège d'une petite minorité, et que les pensionnaires étaient des fils d'hommes d'affaires ou de propriétaires terriens, bref, de personnes bien nanties. Le fils d'un ouvrier ou même d'un membre des professions libérales n'aurait jamais pu la fréquenter, bien qu'il aurait pu y aller en tant qu'externe, du moins s'il habitait Santiago de Cuba. En effet, un professeur n'aurait pas eu les moyens d'y envoyer un enfant, parce qu'il gagnait environ 75 dollars. La grande majorité des médecins et des avocats non plus. Il fallait qu'ils soient d'éminents praticiens ou des ténors du barreau pour pouvoir envoyer leurs enfants dans de telles écoles. D'habitude, seules les personnes qui possédaient de vastes domaines ou une usine, ou encore une usine de traitement du café, une fabrique de chaussures, une distillerie ou toute autre affaire importante, pouvaient y envoyer leur progéniture.

Je me souviens encore très bien du rang social de tous mes camarades d'école, externes ou pensionnaires. Bien entendu, lorsqu'une famille habitait Santiago de Cuba, il n'était pas nécessaire de mettre les enfants en pension. Un autobus faisait le ramassage scolaire tous les matins et les ramenait chez eux le soir. Une famille aux revenus modestes avait les moyens de payer les frais de scolarité pour un externe; ceux-ci oscillaient entre 8 et 10 pesos par mois.

Ces écoles étaient très huppées. Il s'agissait d'établissements réservés aux classes les plus hautes de la société. Mais, là encore, on trouvait deux catégories: les enfants des hommes d'affaires, des professionnels et des industriels qui habitaient Santiago de Cuba, et ceux des personnes qui habitaient le quartier de Vista Alegre – la moyenne et la grande et très riche bourgeoisie. Celle-ci possédait un caractère aristocratique. Ses membres se considéraient différents de nous et se croyaient supérieurs. La séparation dans cette école très sélecte n'était pas seulement basée sur l'argent, bien qu'à la racine, on y retrouvât le nerf de la guerre. Elle était davantage basée sur le statut social, le lieu où ils habitaient et leurs traditions.

Ma famille possédait autant de revenus que bon nombre de gens de cette classe sociale soi-disant «aristocratique». Par bonheur, je n'entrais pas dans cette catégorie. Pourquoi? Parce que ma famille vivait à la campagne. Nous évoluions parmi le peuple, les ouvriers agricoles, et ils étaient tous très pauvres. Comme je vous l'ai déjà raconté, nos animaux s'abritaient sous notre propre maison – les vaches, les cochons, les poules et toute la volaille...

Je n'étais pas le petit-fils ou l'arrière-petit-fils d'un grand propriétaire terrien. Il pouvait arriver qu'une vieille famille de gros propriétaires se retrouve sans argent mais, malgré tout, elle conservait sa culture d'aristocrate et d'oligarque. Étant donné que mon père et ma mère avaient été de très pauvres fermiers qui avaient réussi à s'enrichir et à accumuler des biens, ma famille n'avait pu encore acquérir ce genre de culture. Il s'agissait de personnes qui travaillaient tous les jours dans des conditions difficiles. Mes parents n'avaient aucune vie sociale et très peu de relations avec des gens de leur monde. Je pense que si j'avais été le petit-fils ou l'arrière-petit-fils d'un propriétaire terrien, j'aurais peut-être eu la malchance d'acquérir cette culture, cette mentalité et cette conscience. Je n'aurais pas eu le bonheur d'échapper à cette idéologie bourgeoise.

Il y avait, à cette école, tout un groupe d'élèves qui avaient cette mentalité bourgeoise et aristocrate. Ils méprisaient les autres enfants riches qui faisaient étalage de leurs richesses. Je n'y attachais pas grande importance, mais je l'avais bien remarqué. Et j'avais remarqué que les élèves du deuxième groupe entraient en compétition avec ceux qui étaient très riches, et qu'ils se tenaient à part. Même parmi les élèves très riches, il y avait des divisions qui entraînaient des rivalités. J'étais parfaitement conscient de tout cela.

Il fallait donc être relativement riche pour fréquenter cette école et il suffisait de respirer pour se rendre compte des différences de classes. Bref, c'était une institution bourgeoise, pas une école pour les ouvriers, les prolétaires ou les pauvres fermiers.

Il y avait toutefois quelques élèves noirs à l'école La Salle. En cela, elle était plus démocratique. Il n'y avait pas d'élèves noirs au collège Dolores: tous étaient blancs. Cela m'a souvent étonné de voir que, là comme à l'école de La Havane où je suis allé par la suite, il n'y avait pas d'élève de couleur. Je me demandais pourquoi. Je me rappelle que la seule réponse que j'ai reçue fut: «Eh bien, c'est parce qu'il y en a si peu et qu'un élève noir se sentirait mal parmi tant de Blancs.» On faisait donc cela pour empêcher qu'un élève noir se sente mal à l'aise. Ce n'était pas une bonne idée d'avoir un élève noir parmi 20, 30, 100 élèves blancs. C'est du moins l'argument douteux que l'on me servait. J'ai posé cette question plusieurs fois et j'ai toujours eu la même réponse. Je ne savais pas que la discrimination raciale existait. Comment quelqu'un qui était en sixième, spécialement s'il ne venait pas d'une famille d'ouvriers ou d'une famille qui aurait pu lui expliquer le problème, aurait-il pu le savoir? J'avais demandé pourquoi il n'y avait pas d'élèves noirs par simple curiosité. On m'avait fourni une explication, et je l'avais plus ou moins acceptée.

Je ne me souviens pas d'avoir vu un seul élève noir alors que j'y étais. Il est possible qu'ils n'auraient même pas accepté un mulâtre. Une chose est certaine: ils n'exigeaient pas que les élèves admis à l'école subissent un examen sanguin, comme les SS d'Adolf Hitler l'auraient fait; cependant, si vous n'aviez pas l'air d'être blanc, vous n'étiez pas admis. Je ne sais pas combien de fois cela a pu se produire ni si certaines familles ont demandé des explications. Je n'avais aucun moyen de savoir le nombre d'élèves qui avaient été refusés parce qu'ils n'étaient pas cent pour cent blancs.

Mais ça, c'est une autre histoire. Nous entrons ici dans le domaine de la sociopolitique. Pour résumer, les écoles étaient réservées à une élite. Je peux parler sans amertume de ce qu'elles avaient de bon et de mauvais. Je me sens reconnaissant envers ces professeurs et ces établissements d'enseignement, car ils n'ont pas brimé les choses positives que j'avais en moi ; au contraire, ils les ont développées. Des circonstances et des facteurs personnels m'ont également beaucoup influencé. Je pense que les êtres humains sont le produit de luttes et de difficultés, je pense que les problèmes façonnent une personne de la même façon que le tour du potier façonne l'argile. Dans ce cas précis, la matière est constituée de l'esprit d'un être humain.

Lorsque j'étais dans cette école, j'ai décidé, de ma propre initiative, d'aller à celle des jésuites de La Havane. Je n'avais pas vécu de conflit au collège Dolores ; j'y avais remporté des succès scolaires, notamment dans les sports. Je n'y avais connu aucun problème, que ce soit en sixième, en septième ou pendant les deux premières années du secondaire, car j'y suis resté jusqu'à la fin de celles-ci. J'avais, néanmoins, pris la ferme décision de connaître de nouveaux horizons. J'ai pu être influencé par le prestige de cette autre école de La Havane, les brochures, les bâtiments et les livres qui avaient été écrits à son sujet. Je me sentais motivé pour quitter ma présente école et m'inscrire à celle-là. J'ai pris cette décision et j'en ai parlé à la maison. J'ai finalement eu la permission de changer d'établissement et d'aller au collège de Belén. Il appartenait aux jésuites de La Havane et était considéré comme la meilleure école que les jésuites avaient à Cuba. C'était peut-être la meilleure du pays, à cause des installations qu'elle possédait. C'était un endroit au rayonnement considérable, un centre de prestige fréquenté par l'aristocratie et la grande bourgeoisie cubaines.

Après le triomphe de la révolution, cette école est devenue un institut de technologie et, maintenant, c'est un collège de technologie militaire de niveau universitaire. C'est un centre énorme et il a été agrandi. Après sa vocation technique, la nécessité de développer les forces armées nous a incités à y installer l'Institut militaire technologique, connu sous le nom de ITM.

Le collège de Belén

Lorsque j'étais étudiant au collège de Belén, il y avait 200 pensionnaires sur un total de 1 000 élèves. Les frais de scolarité étaient un peu plus élevés, soit 50 dollars par mois. Il y avait davantage de laïcs, plus d'espace et les coûts de fonctionnement étaient plus élevés. La nourriture y était un peu meilleure et les terrains de sport, excellents. Je pense que les frais de 50 dollars par mois étaient très raisonnables pour une institution de cette catégorie. Je parle en «dollars» parce qu'avec l'inflation galopante qui sévit en Amérique latine, personne ne sait plus ce que représente un peso. C'est encore l'esprit de sacrifice et l'austérité dans laquelle vivaient les jésuites qui rendaient possibles des frais de scolarité aussi modestes.

L'esprit de sacrifice, l'austérité et le genre de vie que menaient ces religieux, leur travail, les efforts qu'ils fournissaient rendaient possible qu'une école de ce calibre offre de tels prix. De nos jours, aux États-Unis, une école comme celle-là coûterait quelque 500 dollars par mois. Il y avait plusieurs terrains de basket-ball, de base-ball et de volley-ball, des pistes d'athlétisme, et même une piscine. C'était une école fantastique.

J'étais un peu plus vieux à cette époque. Je n'avais jamais été dans la capitale de la république. Je suis allé à Birán pendant les vacances estivales et j'ai reçu de l'argent pour acheter des vêtements et d'autres choses. Je devais aussi acheter mes manuels scolaires et payer mes frais de scolarité et mes autres dépenses. J'ai fait ma valise et je suis parti pour La Havane pour la première fois de ma vie.

Betto: Quel âge aviez-vous?

Castro: Je venais d'avoir 16 ans. J'ai adhéré à l'équipe de basket-ball et à d'autres équipes. J'ai commencé à être très actif dans les sports et je suis devenu très bon en basket, en foot, en base-ball et en athlétisme, presque dans tous les sports, et ce, dès le début. Lorsque je suis arrivé, j'ai trouvé une grande variété d'activités auxquelles je pouvais participer. Mes activités favorites étaient les sports et les Explorateurs. J'ai conservé mon vieil amour pour les courses en montagne, le camping et tout ce qui était connexe – des activités que je pratiquais tout seul. Il y avait un groupe d'Explorateurs. Je pense qu'au cours de notre première excursion les professeurs ont décidé que j'avais du talent et m'ont fait monter en grade, puis, une bonne journée, ils m'ont nommé chef des Explorateurs. Ils m'appelaient le «général des Explorateurs».

Les Explorateurs étaient un regroupement de jeunes qui n'était pas comme les scouts, mais qui y ressemblait. Nous avions nos propres uniformes et nous allions camper dans des régions éloignées. Nous faisions des excursions d'un jour ou deux. Nous devions monter la garde et faire des choses de ce genre-là, et j'y ai ajouté quelques autres activités telle l'escalade en montagne.

Pendant que je fréquentais cette école, j'ai escaladé la plus haute montagne de la région occidentale. Nous avions trois jours de vacances et j'ai organisé une excursion à la province de Pinar del Río avec trois de mes amis. L'expédition a duré cinq jours plutôt que les trois prévus, parce que la montagne en question était située dans le Nord et que je ne savais pas exactement où elle se trouvait. Nous avions dû la chercher pour pouvoir l'explorer. Nous avons pris un train qui allait vers le sud, sauf que la montagne était, nous l'avons vu, dans la direction opposée. Nous avons commencé notre voyage le soir et avons marché trois jours avant de trouver le Pan de Guajaibón, une montagne particulièrement difficile à escalader. Nous avons atteint le sommet, mais nous sommes arrivés à l'école deux jours après la reprise des cours. Tout le monde était inquiet, se demandant si nous nous étions perdus ou si quelque chose nous était arrivé.

J'ai été très actif pendant tout ce temps, spécialement en ce qui concerne les sports, les Explorateurs et les escalades en montagne. Je ne savais pas – et je ne pouvais même pas m'imaginer – que je me préparais pour la lutte révolutionnaire. Et puis, j'ai étudié. J'en faisais un point d'honneur. Je ne peux pas dire que j'ai été un étudiant modèle. Je ne l'étais pas, parce que mes intérêts pour les sports et ce genre d'activités faisaient en sorte que je passais beaucoup de temps à les pratiquer ou à y penser. Mais je suivais mes cours de façon ponctuelle et j'étais discipliné. J'étais attentif, parfois plus, parfois moins. J'ai toujours eu beaucoup d'imagination. J'arrivais parfois à m'échapper mentalement des cours et à faire le tour du monde. J'étais totalement inconscient de ce que le professeur avait pu dire pendant 45 minutes. À bien y penser aujourd'hui, les professeurs avaient leur part de responsabilité.

Étant donné que j'étais un athlète, et un athlète assez remarquable, ils n'étaient pas aussi stricts avec moi pendant la période des compétitions sportives qu'ils l'étaient en d'autres temps. Quand s'estompait la gloire des championnats, des médailles et des compétitions (les compétitions et la rivalité constituaient l'histoire, le prestige et le renom des écoles de ce genre), ils devenaient alors plus exigeants. Je ne parle ici que des matières scolaires, car ils étaient toujours très exigeants pour tout ce qui touchait la conduite des élèves.

Quelques-uns des prêtres étaient de très grands scientifiques, des personnes possédant de grandes connaissances en physique, en chimie, en mathématiques et en littérature, bien que, politiquement parlant, ils se montraient très rétrogrades. Je parle, ici, de la période qui va de 1942 à 1945. J'ai reçu mon diplôme de terminale en 1945, au moment où a pris fin la

Seconde Guerre mondiale. La guerre civile espagnole s'était terminée quelques années plus tôt et tous ces prêtres (ainsi que ceux qui n'avaient pas encore été ordonnés mais qui enseignaient déjà) étaient des nationalistes – ou, pour parler plus justement, des franquistes. À l'exception de quelques Cubains, ils étaient tous Espagnols. On a beaucoup parlé des horreurs de la guerre d'Espagne quand celle-ci a pris fin, spécialement des atrocités commises contre les nationalistes – y compris les prêtres – qui étaient passés par le peloton d'exécution. On a très peu parlé des communistes et des républicains qui avaient subi un sort semblable. La guerre civile espagnole a été très sanglante et des excès ont été commis des deux côtés.

Betto: Est-ce à cette époque que vous avez entendu parler du communisme pour la première fois?

Castro: En fait, j'avais déjà entendu dire que le communisme était une chose abominable. On a toujours décrit le communisme en ces termes.

Tous les jésuites étaient de droite. Quelques-uns d'entre eux étaient de bonnes personnes qui exprimaient leur solidarité avec les autres; ils étaient exemplaires de bien des façons. Cependant, leur idéologie était une idéologie d'extrême droite. C'étaient des réactionnaires qui appuyaient Franco. Il n'y avait pas un seul jésuite de gauche sur toute l'île de Cuba à cette époque. Je sais que beaucoup de jésuites sont partisans de la gauche à l'heure actuelle et je pense qu'on aurait pu en trouver quelques-uns dans le passé. Mais, à l'école où j'ai étudié après la guerre civile espagnole, il n'y avait pas un seul jésuite de gauche. En ce qui concerne cette question, je pense que cette époque a été la pire de toutes.

J'avais noté tout cela sans toutefois me poser trop de questions. Comme je vous l'ai dit, j'étais très engagé dans des activités sportives. J'essayais également de faire de mon mieux dans mes études. Je n'étais pas un élève modèle, mais je me sentais moralement obligé de réussir tous mes examens avec de très bonnes notes. Je m'en faisais un point d'honneur. J'avais en général de très bons résultats, même si mon attention s'éparpillait pendant les cours et que j'étais souvent obligé de bachoter avant les examens. C'est une chose que l'on critique à l'heure actuelle, et avec raison.

À l'école, je devais accomplir certaines tâches, parce que chaque élève recevait sa part de corvées. Un élève responsable d'une salle de classe devait s'assurer que les lumières et les fenêtres soient fermées. J'étais en charge de la grande salle où nous allions étudier après le dîner, avant d'aller au lit. Je devais être le dernier à quitter la pièce. J'avais l'habitude d'y rester pendant deux, trois ou quatre heures, pour y réviser mes notes. Ce n'était pas tout à fait bien, mais c'était permis, sans doute parce que cela ne gênait personne. Pendant les périodes d'examen, j'y étudiais tout le temps; avant et après le déjeuner, et pendant les récréations. J'étudiais dans mes manuels tout ce que j'avais besoin de savoir, mais je n'avais plus rien à apprendre en mathématiques, en physique, en chimie et en biologie. Je peux dire que je suis un autodidacte dans toutes ces matières. J'ai réussi à les comprendre d'une manière ou d'une autre. J'avais développé cette faculté de découvrir les mystères de la physique, de la géométrie, des maths, de la botanique et de la chimie en utilisant seulement les livres de cours. J'obtenais en général d'excellentes notes, souvent meilleures que celles des meilleurs élèves. Des professeurs d'institutions de l'État venaient nous faire passer les examens, et notre école tenait à ce que nos résultats soient bons.

Betto: Quelles étaient ces institutions publiques?

Castro: Les lycées publics. N'oubliez pas que tout ceci se déroulait pendant la Seconde Guerre mondiale, à une époque où avaient été créés les fronts populaires et où quelques pays avaient fait passer des lois pour contrôler les programmes d'enseignement. Notre constitution de 1940 avait prévu quelques mesures avancées en ce qui concerne l'éducation, les écoles laïques et, selon la loi cubaine, les écoles privées qui étaient au service des classes les plus privilégiées de la société. Ces dernières devaient se plier aux exigences de la loi et suivre les programmes établis par le gouvernement. Il y avait un programme commun pour tous et, lorsque les professeurs d'État – qui possédaient leur orgueil, leur amour-propre et leur prestige en tant qu'éducateurs – venaient pour faire passer les examens aux étudiants privilégiés de l'école des jésuites et des autres institutions privées, ils nous soumettaient à des examens très difficiles, plus difficiles que ceux qu'ils donnaient dans les autres écoles. Certains examinateurs étaient plus compréhensifs que d'autres. Je le répète: c'était l'époque des fronts populaires et des mouvements antifascistes. Le Parti communiste, qui avait participé à la formation de la constitution de 1940, a exercé un peu plus tard une certaine influence sur le gouvernement et a contribué à la ratification de certaines lois.

Ces professeurs venaient donc pour nous faire passer les examens qui, nous l'avons vu, étaient en général évalués avec sévérité. Je pense qu'une de mes spécialités était de réussir à ces examens que nous faisaient passer les professeurs des écoles laïques. Très souvent, les meilleurs élèves s'embrouillaient et ne donnaient pas les bonnes réponses. Je réussissais à obtenir les meilleures notes dans des sujets considérés comme difficiles. Je me rappelle du jour où j'ai reçu la seule bonne note en géographie de Cuba, avec 90 %. Notre école s'était plainte aux professeurs des écoles laïques de ce que ses élèves n'avaient pas de bonnes notes. On leur répondit que la faute en revenait aux manuels scolaires que nous utilisions. «Les livres de cours utilisés par les élèves ne sont pas très bons», ont soutenu les professeurs laïques. Un de nos enseignants a alors fait remarquer: «Un de nos élèves a utilisé les mêmes livres et a obtenu 90 %.» La réalité était que je faisais preuve d'un peu d'imagination et que je m'appliquais à bien expliquer mes réponses. Je me faisais un point d'honneur de réussir mes examens.

En bref, même en pratiquant une foule de sports, en crapahutant avec les Explorateurs et en me livrant à toute une série d'activités de plein air, grâce au bachotage durant les périodes d'examens, j'obtenais d'excellentes notes.

Je me suis également fait beaucoup d'amis parmi mes confrères de classe. Sans que je fasse quoi que ce soit – et sans même que je le réalise –, je suis devenu populaire en tant que maniaque des sports, athlète, Explorateur, adepte de l'escalade et aussi condisciple qui, finalement, récoltait de bonnes notes. Certaines qualités d'ordre politique ont également dû se manifester chez moi sans que j'en sois conscient.

L'enseignement religieux

À cette époque, j'ai participé à plusieurs retraites. Il va sans dire que l'instruction religieuse était la même que celle que j'ai déjà décrite et qui prévalait au collège Dolores. Nous suivions le même programme, même si la philosophie et la logique nous étaient également enseignées.

Tous les ans, nous participions à une retraite de trois jours. Celle-ci se déroulait parfois à l'école, mais il pouvait arriver que nous allions ailleurs. Tous les élèves d'une même classe étaient isolés des autres et avaient trois jours de cours de religion, de méditation, de communion spirituelle et de silence. Le silence était ce qu'il y avait de plus difficile. Vous deviez, tout à coup, devenir muet. Ce calme comportait quand même des aspects agréables. Je me souviens d'avoir eu un appétit féroce après avoir tant philosophé. Le déjeuner et le dîner devenaient, par conséquent, deux heures merveilleuses. J'en tirais un plaisir énorme et beaucoup de satisfaction. Les exercices spirituels commençaient très tôt le matin.

Naturellement, quand je fréquentais ces écoles, je devais assister à la messe tous les matins et je pense que cette politique avait un côté négatif.

Betto: C'était comme ça au collège Dolores comme au collège de Belén?

Castro: Je ne me souviens plus comment cela se passait à l'école La Salle, mais il est clair que nous devions aller à la messe tous les matins au collège Dolores comme au collège de Belén.

Betto: Le matin?

Castro: Oui, avant le petit-déjeuner. Nous suivions le même rituel chaque jour. Je pense que c'était mécanique. Le fait d'aller à la messe tous les jours était vraiment exagéré et je ne pense pas que cela pouvait aider un enfant.

Les prières accompagnaient les messes. Aujourd'hui, je me dis que le fait de répéter et répéter toujours et toujours les mêmes prières, le *Je vous salue, Marie* et le *Notre Père*, n'avait aucun effet positif sur nous. C'est ce que je peux dire de mieux. Combien de fois ai-je pu les réciter au cours de toutes ces années! Me suis-je arrêté une seule fois pour penser à la signification de ces prières? Plus tard, j'ai remarqué que dans d'autres religions, il y avait une forme de prière dans laquelle la personne parlait de façon spontanée avec quelqu'un d'autre. Elle utilisait ses propres mots pour implorer ou adresser une demande, pour exprimer sa volonté ou ses sentiments. Ils ne nous ont jamais rien appris de semblable. Ils nous ont plutôt dit de répéter des mots écrits, de les répéter mécaniquement – une fois, dix fois, 50 ou 100 fois. Je ne peux appeler cela prier. Il se peut que ce soit un excellent exercice pour les cordes vocales, la voix, la patience ou autre, mais, pour moi, ce n'est pas ça prier...

Je devais souvent réciter des litanies en grec ou en latin, et je ne savais pas ce que les mots voulaient dire au juste: *Kyrie eleison, Christe eleison*. Une personne chantait des litanies et une autre personne répondait: *Ora pro nobis*, etc. Je m'en souviens presque encore. Nous ne savions pas ce qu'elles signifiaient ni ce que nous disions; nous nous contentions de les répéter de façon mécanique. Avec le temps, nous nous y sommes habitués. Je dois vous dire que c'est là le gros défaut de l'enseignement religieux que nous avons reçu.

Quand nous avons atteint l'âge de 16, 17 ou 18 ans, les exercices spirituels que nous pratiquions comprenaient la méditation. Pendant les trois journées de retraite, nous devions méditer sur des sujets philosophiques ou théologiques, mais le sujet habituel était le châtiment – qui, dans les circonstances actuelles, revenait souvent. On parlait aussi de récompense, bien sûr, mais celle-ci ne constituait pas un sujet susceptible d'enflammer notre imagination. Les châtiments, par contre, étaient justement décrits de manière à avoir cet effet-là.

Je me souviens de très longs sermons conçus pour méditer sur l'enfer, sur la chaleur, la douleur, la peur, le désespoir que l'enfer causait. Je ne sais pas comment ils ont pu inventer un enfer aussi cruel que celui qu'ils nous dépeignaient, parce qu'une telle complaisance dans la sévérité est inconcevable, même pour une personne qui a commis de gros péchés. Les punitions pour les péchés véniels étaient hors de toute proportion. Le fait même de mettre en doute un dogme comme celui-ci, que l'on ne comprenait pas, constituait déjà un péché. Par exemple, vous deviez croire que si vous étiez victime d'un accident mortel et que vous mourriez en état de péché, vous étiez automatiquement condamné à l'enfer. Il n'y avait vraiment aucune juste proportion entre les péchés d'une personne et le châtiment éternel.

L'idée derrière tout cela était de faire travailler notre imagination. Je me souviens encore de l'un des exemples qui nous avait été donnés pendant l'un de ces exercices spirituels. On nous fournissait toujours des notes imprimées, des thèses ou des commentaires en nous disant: « Pour que vous ayez une idée de l'éternité, mes enfants, imaginez une boule en acier de la taille du monde... – j'essayais alors d'imaginer une boule de la taille du globe, avec une circonférence de 40 000 kilomètres – ... dont la surface est aspirée par la trompe d'une mouche qui la touche légèrement tous les mille ans.» On s'imagine que la mouche finira, du moins théoriquement, par user complètement cette sphère pratiquement inusable. Autrement dit, celle-ci devrait disparaître des suites du contact de la mouche après des milliards de millénaires. «Eh bien, nous racontait-on, avant que la sphère ne soit usée et même bien après cela, l'éternité ne ferait que commencer...» Voilà donc le genre de méditation qui nous était imposée, un acte que je décrirais comme étant du terrorisme. Oui, ces explications relevaient parfois d'actes de terrorisme psychologique.

Cela se produisait à la fin du vingtième siècle, il y a seulement 40 ans. Je suis même surpris de voir que cela se produisait il y a si peu de temps. Une des meilleures écoles de notre pays offrait ce genre d'éducation. Je ne pense pas que cela ait été le meilleur moyen d'encourager des sentiments religieux.

Betto: Faisait-on souvent mention de la Bible?

Castro: La Bible était mentionnée, mais pas souvent. On pouvait nous expliquer la signification d'une parabole ou d'un passage des Évangiles. Nous n'avons fait qu'étudier l'histoire de la Bible, pendant cette époque-là. Les éditions de ce livre étaient toujours de plus en plus épaisses, c'est-à-dire que nous commencions l'année avec un livre relativement mince et que de nouveaux sujets étaient rajoutés chaque année. L'histoire de la Bible faisait toujours partie des matières enseignées et c'était très intéressant. J'ai toujours aimé ce sujet qui m'a toujours fasciné. Les enfants ont toujours aimé savoir ce qui s'était passé, depuis la création du monde jusqu'au déluge.

Il y a une chose que je n'ai jamais oubliée, dans l'histoire de la Bible. Je ne suis pas certain si cela y est mentionné ou pas, mais si ça l'est, je pense que cela exigera une analyse plus poussée. Voilà: après le Déluge, un des enfants de Noé (mais était-ce un de ses enfants?) s'est moqué de lui. Noé avait fait du vin et en avait tellement bu qu'il s'était enivré. Un de ses fils s'était moqué de lui et, comme punition, ses descendants ont été condamnés à être noirs. Je crois me souvenir que le fils en question s'appelait Canaan. Au fait, qui étaient les fils de Noé?

Betto: Sem, Cham et Japheth. Dans la Bible, dans la Genèse, Canaan est le fils de Cham. C'est donc un des descendants de Noé. Noé a jeté un sort à Canaan et il l'a condamné à être le dernier des esclaves. Étant donné que les esclaves en Amérique latine étaient noirs, quelques anciennes traductions ont pris le terme *noir* comme synonyme d'*esclave*. De plus, les descendants de Canaan sont ceux qui ont peuplé l'Égypte, l'Éthiopie et l'Arabie. Et ils ont tous la peau foncée. Cependant, dans la Bible, ses descendants n'étaient pas touchés par le sort, à moins que vous n'en fassiez une interprétation tronquée pour chercher une justification religieuse à l'apartheid.

Castro: Eh bien, on m'a enseigné qu'un des fils de Noé a été puni en ayant des descendants noirs. Il faudrait vérifier si cela est encore enseigné de nos jours et s'il est correct qu'une religion enseigne que le fait d'être noir est une punition de Dieu. Je me souviens que je trouvais cette question épineuse lorsque j'apprenais l'histoire de la Bible.

Toutes ces aventures me fascinaient: la construction de l'arche, le Déluge, tous les animaux, le débarquement, la vie à ce moment-là, les difficultés de Moïse, le passage de la mer Rouge, la Terre promise, ainsi que tous les combats et toutes les guerres décrits dans la Bible. Je pense que c'est là que j'ai entendu parler de la guerre pour la première fois. C'est cela: j'ai pris intérêt à l'art de la guerre. Cela me fascinait, qu'il soit question de Joshua qui détruisait les murs de Jéricho grâce à ses trompettes, ou de la force herculéenne de Samson, qui pouvait détruire le temple à mains nues. Ces actions me fascinaient. Toute la période que couvrait l'Ancien Testament était merveilleuse: Jonas et la baleine qui l'avait avalé, la punition infligée à Babylone et le prophète Daniel. Nous aurions pu, bien entendu, étudier d'autres histoires, celles d'autres peuples et les interprétations qu'ils en faisaient, mais je crois que peu d'histoires sont aussi fascinantes que celles que l'on trouve dans l'Ancien Testament et dans la Bible.

Après l'étude de l'histoire de la Bible venait celle du Nouveau Testament, avec toutes ses paraboles. Nos éducateurs nous citaient celles-ci et nous les expliquaient, généralement dans les mêmes termes que ceux utilisés dans la Bible, ce qui était très intéressant. La crucifixion et la mort du Christ, avec toutes les explications qu'ils nous donnaient, avaient toujours un impact très important sur les enfants et les adolescents.

La compassion pour les pauvres

Betto: Quand avez-vous commencé à éprouver de la compassion pour les pauvres?

Castro: Il faut que je retourne à mes expériences d'enfant. D'abord, nous vivions au milieu de personnes très pauvres. Tous les enfants vivaient pieds nus. Je réalise maintenant à quel point leur vie a pu être dure. Je pense aux maladies qui les frappaient et à toutes leurs souffrances. Je n'en étais pas conscient alors, mais nous étions très proches les uns des autres. Ils étaient mes amis, mes compagnons dans toutes mes activités. Nous allions à la rivière, dans les champs et dans les bois pour chasser et pour jouer. Pendant les vacances, c'étaient mes copains. Je n'appartenais pas à une autre classe sociale. Nous étions toujours ensemble. Je menais alors une vie très libre.

À Birán, il n'y avait ni bourgeoisie ni société féodale. Il n'y avait pas de groupe de 20 ou 30 propriétaires terriens qui se réunissaient et demeuraient en circuit fermé. Mon père était un propriétaire terrien isolé. Il se pouvait que, de temps à autre, un de ses amis vienne le voir, mais nous n'avions que très rarement de la visite. En général, mes parents restaient à la maison. Ils ne rendaient pas visite à d'autres familles. Ils travaillaient tout le temps. Donc, les seules personnes que nous voyions étaient celles qui vivaient là. J'avais l'habitude d'aller là où habitaient les Haïtiens, dans leurs huttes. Quelquefois, j'étais puni pour cela, mais seulement parce que j'avais mangé le maïs sec qu'ils faisaient cuire. Chez nous, personne ne disait: «Ne t'approche pas d'un tel...» Jamais. Ma famille n'avait pas de préjugés de classe; elle n'avait pas la mentalité des riches ni celle des propriétaires terriens.

Je n'étais pas conscient du fait d'être un privilégié qui possédait autant de choses. Ma famille possédait tout et était toujours traitée avec respect, mais j'ai été élevé avec tous ces gens, sans aucun préjugé ni culture ou idéologie bourgeoise. Cela a dû avoir une influence sur moi.

Mes valeurs morales sont venues de mon éducation, c'est-à-dire de mes professeurs, de mes écoles, et je devrais ajouter de ma famille, de ma maison. On m'avait appris très jeune à ne jamais mentir. Ces valeurs morales étaient très claires. Elles n'étaient pas marxistes et n'avaient pas comme origine quelque valeur d'ordre philosophique. Elles avaient comme fondement des valeurs religieuses. On m'avait appris à distinguer le bien du mal, les choses que l'on devait faire comme celles que l'on ne devait pas faire. Dans notre société, les premières notions de morale des enfants avaient comme base la religion. Dans un contexte où la religion était prédominante, les individus absorbaient un certain nombre de valeurs morales comme faisant partie de la tradition, ce qui incluait certaines croyances irrationnelles comme celle selon laquelle le survol et le cri de la chouette, tout comme le chant du coq, présageaient un malheur.

Un peu plus tard, ma propre expérience de la vie a commencé à me faire réaliser ce qui était mal, ce qui violait une des règles de notre éthique, ce qu'étaient l'injustice, les mauvais traitements et la fraude, et à me montrer à quoi ressemblait une personne qui ne possédait pas de valeurs morales. J'ai commencé à me faire une idée de ce qui était juste et de ce qui ne l'était pas. J'ai également commencé à développer un concept de ce qu'était la dignité personnelle et à expliquer sur quoi elle était fondée. Il me serait très difficile de donner une explication complète des fondements de la dignité personnelle. Il doit y avoir des personnes qui sont plus sensibilisées à cela que d'autres. Le caractère de chacun l'influence également. Pourquoi une personne est-elle plus rebelle qu'une autre? Je pense que les conditions dans lesquelles une personne est élevée font que celle-ci devient plus ou moins rebelle. Les caractères et les tempéraments jouent aussi un rôle. Certaines personnes sont plus dociles, acceptent mieux la discipline et sont plus obéissantes que d'autres. Mais un fait demeure: vous développez petit à petit votre sens de la justice, le sens de ce qui est juste et de ce qui ne l'est pas.

À ce sujet, je pense que j'ai été épris de justice dès un très jeune âge, à cause de ce que j'ai vu et à cause de mes expériences. Je pense également que la participation aux sports et l'exercice physique peuvent nous enseigner énormément: la discipline, la rigueur, l'endurance, la détermination et la maîtrise de soi.

Sans aucun doute, mes professeurs jésuites, surtout ceux qui étaient espagnols, m'ont inculqué un fort sens de la dignité. Abstraction faite de leurs idées politiques, ils m'ont fortement influencé. La plupart des Espagnols sont animés d'un sens de l'honneur très ancré qui était profondément marqué chez les jésuites. Ils faisaient grand cas du caractère, de la droiture, de l'honnêteté, du courage et de la capacité à faire des sacrifices. Il est certain que les professeurs exercent une influence. Les jésuites m'ont certainement influencé par leur organisation stricte, leur discipline et leurs valeurs. Ils ont contribué à mon développement et ont formé mon sens de la justice, qui aurait pu être très rudimentaire. Une chose est certaine: c'était au moins un départ.

C'est en suivant cette voie que j'en suis venu à la conclusion que les abus, l'injustice et l'humiliation que l'on inflige aux autres êtres humains sont des choses impensables. Ces valeurs se sont développées petit à petit dans ma conscience et y sont demeurées. Plusieurs éléments m'ont aidé à développer un certain sens des valeurs, et la vie s'est chargée de m'empêcher d'acquérir une mentalité de classe bourgeoise, le sentiment d'appartenir à une classe supérieure, différente des autres. Je pense que cela a été la base de la conscience politique que j'ai développée par la suite.

Si vous mettez ensemble des valeurs morales et un certain esprit de rébellion et de rejet de l'injustice, vous commencez à apprécier et à placer en haute estime un certain nombre de valeurs qui n'en sont pas pour bien des gens. Un sens personnel de la dignité, de l'honneur et du devoir se trouve à la base de la conscience politique que l'on peut acquérir. Ce fut vraiment mon cas, étant donné que je n'ai pas acquis cette compréhension pour compenser le fait que je n'avais pas vécu dans la pauvreté, que je ne venais pas d'une famille prolétarienne ni ouvrière agricole – c'est-à-dire à cause de facteurs sociaux. J'ai acquis ma conscience politique grâce au raisonnement, à la méditation et en développant des sentiments et une profonde foi dans ce que je croyais.

Je pense que ce que je vous ai dit au sujet de la foi – la capacité de raisonner, de penser, d'analyser, de méditer et de développer des sentiments – est ce dont on a besoin pour développer des idées révolutionnaires. Dans mon cas, cela s'est révélé dans des circonstances spéciales; personne ne m'a enseigné la politique. Je n'ai pas eu le privilège d'avoir un guide spirituel. La plupart des personnes qui ont joué un rôle important dans l'histoire ont eu un guide spirituel, qu'il s'agisse d'un professeur ou d'un maître d'école remarquable. Malheureusement, j'ai dû être mon propre guide tout au long de ma vie. J'aurais été tellement reconnaissant s'il s'était présenté quelqu'un pour m'enseigner la politique, pour m'enseigner les idées révolutionnaires!

Personne n'a pu m'insuffler la foi religieuse par les méthodes mécaniques, dogmatiques et irrationnelles qui étaient utilisées. Si l'on m'avait posé des questions sur mes convictions religieuses, j'aurais répondu que je n'en ai jamais eu, pas plus que la foi, d'ailleurs. Personne n'a réussi à m'imposer ces choses à l'esprit lorsque j'étais à l'école. Plus tard, d'autres valeurs se sont ajoutées: une croyance, une foi politique. Alors, j'ai établi mes propres valeurs; elles étaient le résultat de mon expérience, de mon analyse et de mes sentiments.

Les idées politiques n'ont aucune valeur si elles ne sont pas inspirées par des sentiments nobles et désintéressés. De la même façon, les sentiments nobles n'ont aucune valeur s'ils ne sont pas fondés sur la justice et la bonté. Je suis convaincu que les principes qui ont soutenu un révolutionnaire dans les sacrifices qu'il fait sont les mêmes que ceux qu'ont endurés les martyrs morts pour leur foi religieuse. Je pense que les martyrs étaient des personnes généreuses, désintéressées, qu'ils étaient de la même trempe que les héros révolutionnaires. Sans ces qualités, il ne peut y avoir ni héros politique ni martyrs de la foi.

Il a fallu que je poursuive ma route – une longue route – pour arriver à développer mes idées révolutionnaires, et elles représentent une valeur immense, car je suis arrivé à toutes ces conclusions par moi-même.

CHAPITRE 2

MES ANNÉES D'UNIVERSITÉ*

Aller à l'université fut pour moi un privilège, car j'y ai beaucoup appris. C'est là qu'on m'a enseigné les choses les plus importantes de ma vie. C'est là que j'ai découvert les grandes idées de notre époque et de tous les temps. C'est là que je suis devenu un révolutionnaire et un passionné de José Martí. C'est là que je suis devenu un socialiste – utopiste pour commencer – grâce aux conférences du professeur Delio, qui nous donnait des cours d'économie politique. Il s'agissait de cours d'économie capitaliste, un système difficile à comprendre et pourtant si facile à dénoncer à cause de ses aspects irrationnels et absurdes. C'est pourquoi, dès le début, j'ai été un socialiste utopiste bien que, grâce à mes contacts avec la littérature politique, à l'université et à l'École de droit, je sois devenu un marxiste-léniniste.

À l'université, j'ai vécu des moments difficiles. Si difficiles que j'estime que le fait d'avoir pu survivre à ces années-là relève d'un véritable miracle. Je me suis engagé dans des luttes très dures avec toute la détermination et l'obstination nécessaires, jusqu'à ce que d'autres temps et d'autres époques n'arrivent.

Ma première expérience en politique

Je dois avouer que lorsque je suis entré à l'université, je ne connaissais pas grand-chose en politique. Qu'en connaissais-je

* *Cinquante ans après être entré à l'Université de La Havane, en 1945, pour étudier le droit, Fidel Castro prononçait un discours pendant un rassemblement à la Aula Magna (la grande salle de conférence) de son* alma mater, *le 4 septembre 1995.*

réellement à cette époque? Tout ce dont je me rappelle, c'est que j'avais un frère et un demi-frère parmi les candidats pour le Parti de l'authenticité[25], dans la province d'Oriente. Je me souviens qu'à l'époque cette province comptait 42 représentants et que chaque parti présentait ses candidats. Je devais avoir 14 ans et j'allais de maison en maison et de hutte en hutte, à Birán, pour enseigner aux personnes comment voter. Je leur recommandais de voter pour Pedro Emilio Castro. Je ne me souviens plus de son numéro sur le bulletin de vote, mais je devais expliquer à toutes ces personnes – la plupart des analphabètes – où elles devaient aller, leur parler du parti et de tout le reste, et leur dire où placer leur X sur le bulletin de vote.

À l'âge de 14 ans, je n'étais pas particulièrement révolutionnaire. Je ne connaissais pas grand-chose et je n'avais pas fait de choix politique particulier. Le candidat était mon frère et il m'avait promis un cheval s'il gagnait les élections. En fait, je ne montrais que très peu d'intérêt face à cette campagne électorale de 1939. Mon frère avait l'habitude de me parler et il était assez gentil pour discuter avec moi de toutes sortes de sujets. Les adolescents ont toujours aimé être au courant de ce qui se passe et être pris au sérieux. Il m'a donc confié cette tâche que j'ai remplie jusqu'au jour de l'élection. Cependant, tous mes efforts ont été anéantis, parce que les gardes ruraux sont arrivés et ont empêché les élections d'avoir lieu.

Il se peut que je doive faire une rectification quant à l'année de ces élections. Il est possible qu'elles se soient produites plus tôt. Il se peut que je n'aie même pas eu 14 ans quand je me suis impliqué dans cette campagne électorale pour aider Pedro Emilio, qui était le premier candidat suppléant parmi les représentants de ce parti. Il aurait cependant fallu avoir beaucoup de chance pour qu'un des candidats meure, que Pedro Emilio entre à la Chambre des députés et qu'il respecte sa promesse de m'acheter un cheval. Vous devez comprendre l'importance que cette promesse avait pour moi: il s'agissait d'un cheval

Ocean Press / Conseil d'État cubain

Fidel Castro à 20 mois, dans la maison familiale de Birán, en 1928.

Ocean Press / Conseil d'État cubain

Fidel Castro à trois ans, en 1929.

Ocean Press / Conseil d'État cubain

Au collège La Salle de Santiago de Cuba, en 1936. Fidel Castro se trouve dans la deuxième rangée, le troisième à partir de la droite, debout derrière son frère Raúl.

Ocean Press / Conseil d'État cubain

À Santiago de Cuba, dans la maison de sa sœur Lidia, en 1940.

Ocean Press / Conseil d'État cubain

Au collège Dolores, en 1940. Fidel Castro debout (au premier rang, le deuxième à partir de la gauche).

Ocean Press / Conseil d'État cubain

Vacances à Pinares de Mayari, en 1937, sur un tracteur.

Ocean Press / Conseil d'État cubain

Fidel Castro à 13 ans (à droite), au collège Dolores, en 1940.

Ocean Press / Conseil d'État cubain

Au collège Dolores, à Santiago de Cuba, en 1941.

Ocean Press / Conseil d'État cubain

1941. Fidel (à gauche), Raúl (au centre) et Ramón Castro (à droite) au collège Dolores de Santiago de Cuba, en 1941.

Ocean Press / Conseil d'État cubain

À la chasse, pendant des vacances à Birán, en décembre 1943.

Ocean Press / Conseil d'État cubain

Diplômé du collège de Belén, à La Havane, en 1945.

Ocean Press / Conseil d'État cubain

Fidel Castro faisant un discours au collège de Belén.

Ocean Press / Conseil d'État cubain

Membre de l'équipe de basket-ball du collège de Belén, en 1943.

Ocean Press / Conseil d'État cubain

Fidel Castro (à gauche), à Bogotá, en Colombie, en 1948.

Ocean Press / Conseil d'État cubain

Fidel Castro (à droite) dans les bureaux de la Fédération des étudiants universitaires (FEU), en 1947.

Ocean Press / Conseil d'État cubain

En train de faire un discours, en tant qu'organisateur des jeunes membres du Parti orthodoxe.

Ocean Press / Conseil d'État cubain

Fidel Castro. Photo utilisée pour la candidature au Parti orthodoxe, en 1951.

Ocean Press / Conseil d'État cubain

Fidel Castro, candidat en campagne électorale pour le Parti orthodoxe, en 1951.

arabe... Voilà donc quelle a été ma première expérience politique.

Ces élections avaient été décidées par la force, parce qu'en réalité le Parti de l'authenticité possédait une majorité écrasante. Les soldats sont arrivés et ont formé deux files: une pour ceux qui votaient pour le gouvernement et une autre pour ceux qui votaient contre le gouvernement. Les premiers avaient le droit de voter, les autres, non. Cela s'est déroulé de la même façon dans tous les bureaux de scrutin, spécialement dans les campagnes. C'est comme cela que se déroulaient les élections et cela s'est avéré une expérience douloureuse.

Je me souviens avec beaucoup d'amertume de la façon dont ils ont attaqué les votants, les ont maltraités, les ont agressés. C'est ainsi que j'ai été témoin de ma première grande farce politique: des élections truquées.

Plus tard, la même chose s'est reproduite lors des élections présidentielles, et c'est de cette manière que Fulgencio Batista a remporté les élections présidentielles à la république en 1940[26]. Batista était un homme très fort qui abusait de son autorité. Les militaires faisaient la loi. Tout était au service des grandes entreprises, des grands propriétaires, des intérêts supérieurs. Ils obtenaient tous les privilèges, toutes les sinécures.

Il y a eu énormément d'abus dans les régions rurales. Il est incroyable qu'une telle situation ait pu durer longtemps, avec quelques gardes ruraux de l'armée – un groupe qui avait été créé après la dissolution de l'Armée de la libération. Celle-ci avait des uniformes venant des États-Unis, des machettes et des fusils américains, des chevaux du Texas. Elle semait la terreur dans toutes les régions rurales de notre pays, ce qui expliquait la situation désastreuse de nos paysans et de nos ouvriers agricoles qui mouraient de faim et passaient la majorité de leur temps sans avoir de travail.

Réflexions sur ma jeunesse

Pendant mon enfance, j'ai eu la chance de vivre parmi des gens très pauvres. Nous les fréquentions et nous jouions avec leurs enfants. J'y ai pensé énormément par la suite. Tout au long de ma vie, je me suis souvenu de ce que j'avais vu dans ma jeunesse. Ces images, ces souvenirs, ces impressions ont peut-être éveillé en moi une certaine compassion et un sentiment de solidarité envers ces personnes.

Tout au long de ma vie, les circonstances particulières qui prévalaient là où je suis né et les occupations de mes parents m'ont forcé à prendre des décisions. Vous ne me croirez peut-être pas si je vous dis que j'ai pris ma première décision alors que j'étais en première année, lorsqu'il m'a fallu persuader la famille qui s'occupait de moi à Santiago de Cuba de me laisser devenir pensionnaire à l'école La Salle, que je fréquentais en qualité d'externe. C'est ainsi que je suis devenu pensionnaire de première année dans cet établissement.

En cinquième année, il m'a fallu prendre une autre décision celle de quitter cette école, principalement à cause des violences physiques commises à mon endroit et des sévices qui m'ont poussé à utiliser la violence contre un certain inspecteur. Je ne veux pas mentionner de nom, parce que ce sont des choses du passé. Au début de ma cinquième année, j'ai dû me rebeller et me battre physiquement.

De là, je suis allé au collège Dolores. Les choses y ont été un peu difficiles, mais je n'éprouve pas le besoin d'élaborer sur ce qui s'y est passé. J'avais réussi à entrer dans une meilleure école, mais je répondais plus ou moins aux exigences de cette institution. J'avais été de nouveau placé comme externe plutôt que comme pensionnaire et j'ai donc dû, un peu plus tard, me battre pour devenir pensionnaire.

J'y suis allé en cinquième année et j'y suis resté jusqu'à ma deuxième année de secondaire. Le programme avait déjà été prolongé et était passé de quatre à cinq ans. Par la suite, j'ai décidé d'aller au collège de Belén, qui était le meilleur collège de jésuites de tout le pays. L'idée de fréquenter cet établissement me plaisait. Je sentais que la discipline des jésuites et leur conduite en général me convenaient mieux.

Je faisais beaucoup de sports, en ce temps-là. Dès mon plus jeune âge, j'ai aimé l'escalade. J'avais l'habitude de me perdre chaque fois que nous faisions une excursion à El Cobre ou dans d'autres endroits semblables, car j'essayais d'escalader toutes les montagnes que je voyais à l'horizon et de traverser des rivières tumultueuses chaque fois qu'il y avait des pluies torrentielles. J'éprouvais beaucoup de plaisir à vivre ces aventures de plein air. Les professeurs étaient tolérants. Il m'arrivait d'arriver en retard et de faire attendre l'autobus pendant deux heures. Toutefois, ils n'en faisaient pas un problème.

Donc, un peu plus tard, quand j'ai changé de maison d'enseignement, j'étais dans la meilleure forme physique possible pour pratiquer une multitude de sports, surtout les escalades en montagne. Le collège de Belén m'a apporté tout cela.

Étais-je un bon élève? Pas du tout. Je dois commencer par vous dire que je ne peux pas me présenter à la génération actuelle comme ayant été un bon élève. Bien sûr, je suivais les cours, comme le disait, non sans contrariété, le professeur Delio, qui aurait aimé que je sois un étudiant modèle dans toutes les matières. En classe, j'avais l'esprit ailleurs. Le professeur expliquait un sujet et j'étais en train de penser à je ne sais quoi: aux montagnes, aux sports et à tout ce à quoi pensent les filles et les garçons.

C'est ainsi que je suis devenu expert en bachotage de dernière minute, ce qui est le pire conseil que l'on puisse donner à quelqu'un. Disons que j'excellais dans le dernier droit. Je pourrais peut-être entrer en compétition dans ce domaine avec Ana Fidelia pour la course qu'elle a gagnée récemment lors des championnats du monde[27]. Juste avant les examens, je passais tout mon temps à étudier, pendant les récréations et pendant les repas, comme un autodidacte.

J'ai étudié tout seul les mathématiques, la physique et les sciences. À la fin de chaque session, grâce à mes efforts de dernière minute, j'obtenais des notes bien plus élevées que les meilleurs étudiants. Les professeurs jésuites louangeaient mon travail. Après avoir écrit à mes parents que j'allais échouer à tous mes examens, ils me pardonnaient tout et me jugeaient en fonction de mes résultats.

Je me souviendrai toujours d'un de ces enseignants, qui avait un caractère très fort. C'était un inspecteur qui m'avait appelé une fois après avoir contacté l'homme qui était mon tuteur et lui avoir annoncé que j'allais échouer à mes cours. Je ne suis pas sûr que cela se soit produit au cours de la seconde des trois années que j'ai passées là-bas. J'avais étudié de la même manière que je l'avais toujours fait – à la dernière minute – et je me rappelle qu'un jour, ce même inspecteur, réputé pour sa sévérité, est arrivé alors que je quittais la salle à manger. Il m'a demandé, avec son accent espagnol : « Savez-vous quelle note vous avez obtenu en physique ? »

Je devinais que j'avais dû obtenir une bonne note à cet examen, mais je me suis dit que cette question cachait sûrement quelque chose. J'ai donc fait l'idiot et j'ai répondu que non. Il a alors rétorqué : « Cent pour cent ! » Le meilleur élève, le petit génie de l'école, avait réussi à obtenir quatre-vingt-dix pour cent...

En géographie cubaine, un seul étudiant avait obtenu une note de 90, et c'est moi qui ai eu cet honneur. On assista à une véritable controverse entre l'école et l'institut à propos des manuels scolaires et des textes. Dans quels livres Castro avait-il bien pu étudier ? En fait, j'avais étudié dans les mêmes livres que tout le monde, mais j'y avais ajouté des idées issues de mon imagination. Non, je n'ai pas inventé de baies, de rivières ni de caps, mais j'ai ajouté des idées de mon cru et, pour une raison ou pour une autre, mon examen leur a plu et ils m'ont donné 90. Mais je ne recommande à personne de se mettre à étudier juste avant les examens comme je l'ai fait.

Personne n'a jamais pu m'inculquer l'habitude d'étudier au jour le jour et, en fait, les frères ont toléré ma conduite à cause de mes prouesses sportives. Ils me traitaient mieux que l'équipe cubaine. Ils ne me critiquaient pas. Ils n'ont jamais réussi à m'enseigner à étudier au fur et à mesure.

Comme je l'ai déjà mentionné, cette école était tenue par des jésuites, des Espagnols. La république espagnole était morte deux ou trois ans avant et un des professeurs ou un des auxiliaires, qui était un de mes bons amis, m'a parlé plus tard des exécutions qui avaient eu lieu après la guerre. Il avait été infirmier et m'a raconté de longues histoires au sujet du nombre de prisonniers qui avaient été exécutés lorsque la guerre civile s'est terminée. Cela m'a indigné. Il évoquait ces événements comme s'il s'agissait de la chose la plus naturelle du monde. Il n'a formulé aucune critique, mais, considérant tout ce qui s'était passé, les histoires qu'il racontait étaient véritablement dramatiques. Ce professeur avait sans aucun doute une vision politique de droite.

Cette école était bonne sous bien des aspects, mais l'enseignement y était dogmatique. N'oublions pas que tout le monde devait aller à la messe et étudier l'histoire de la religion pendant les deux premières années. On y trouvait, bien sûr, des laboratoires, on s'y livrait à certaines recherches, mais il n'en demeure pas moins que tout le programme d'enseignement avait besoin d'être changé, parce qu'on n'y enseignait pas vraiment aux étudiants à penser. Nous devions croire sans comprendre. Le fait de ne pas croire constituait un péché qui conduisait en enfer.

Je n'ai aucune envie de critiquer cette école. Je ne fais qu'expliquer le genre d'éducation que nous avons reçue, une éducation qui serait loin d'être considérée comme idéale pour les jeunes d'aujourd'hui.

Par ailleurs, la vie était bonne pour moi dans cette école et ce, grâce aux sports, aux explorations, aux excursions et à toutes ces choses. J'entretenais de bonnes relations – excellentes même – avec les autres garçons. Je le sais parce que le jour où j'ai terminé mes cours, ils m'ont tous applaudi quand j'ai reçu mon diplôme de fin d'études.

Je n'avais même pas réalisé que j'avais tant d'amis à l'école. Je pense que cela était imputable au type de relation que j'entretenais avec tous, sans affinités politiques ou autre chose de ce genre-là. Par contre, lorsque je suis arrivé à l'université, j'étais politiquement inculte.

Qu'avais-je retiré de cette école? Qu'avais-je retiré de chez moi? Qu'avais-je apporté comme bagage à l'université? Un profond sens de la justice, une certaine éthique. Cette éthique se fondait sur des principes chrétiens que j'avais acquis en combattant les injustices dès mon plus jeune âge, sans doute à cause de mon tempérament rebelle – appelez ça comme vous voulez... Je ne me suis jamais résigné à accepter les abus et tout ce qui pouvait être imposé par la force.

Batista arrive au pouvoir

Lorsque je suis entré à l'université à la fin de 1945, nous étions en train de vivre une des époques les plus décevantes de l'histoire de notre pays. Je vivais personnellement les contrecoups d'une révolution frustrante, celle de 1933. La lutte contre Machado[28] s'était transformée en une vraie révolution.

Le 4 septembre est considéré comme une date malheureuse, parce que c'est à ce moment-là que Batista[29] est arrivé au pouvoir. Cependant, le 4 septembre n'était pas une date néfaste, mais plutôt une date révolutionnaire. Nous ne devons pas avoir honte, aujourd'hui, de faire débuter l'école une telle journée, parce que les sergents se sont soulevés contre tous les chefs qui s'étaient compromis. Il y a eu beaucoup de révolutionnaires dans ce mouvement; les étudiants ont même participé au gouvernement qui a retiré le pouvoir à toute l'ancienne garde de l'armée. Cela revient à dire que Batista a commencé sa vie politique par un acte révolutionnaire.

Les problèmes sont arrivés plus tard, lorsque les États-Unis ont commencé à intervenir dans la politique interne de Cuba et qu'ils ont fait de Batista un instrument de leurs intérêts dans le pays. Au début, il y a eu un gouvernement dont Grau San Martin[30] a été le chef. Il était professeur de physiologie à l'université et s'entendait très bien avec les étudiants. Puis, ils ont nommé Guiteras[31] à un important poste au cabinet; une série de mesures révolutionnaires fut adoptée par ce gouvernement, qui n'a duré que trois mois. Ces mesures visaient le bien-être des ouvriers et touchaient, par exemple, la compagnie d'électricité. Je pense que c'est à ce moment-là que l'électricité a été nationalisée, car ce projet était dans l'air depuis très longtemps. Un gouvernement révolutionnaire a été formé et il a commencé à faire appliquer une série de mesures jusqu'à ce que les États-Unis le fassent sombrer. C'est à ce moment-là que Batista a pris le pouvoir, c'est-à-dire qu'il n'a pas arrêté de placer et de remplacer des gouvernements et qu'il a ainsi gardé le pouvoir pendant 11 ans, jusqu'en 1944. Ces gouvernements ont commis toutes sortes d'abus, de crimes et de vols. Personne ne connaît le nombre de personnes qu'il a volées, combien d'argent il a soutiré du pays. Il a été le fantoche des États-Unis.

Cette révolution a échoué un peu plus tard. Les grandes luttes ont alors commencé. Il y a eu la grève de mars 1935, une tentative pour s'emparer du pouvoir qui a été réprimée sans pitié par le gouvernement de Batista. Ils ont semé la terreur dans les villes et dans les campagnes, et ont fait échouer la révolution. Il est difficile de mesurer les contrecoups d'une révolution qui a échoué et les processus politiques qui suivirent.

Puis, la situation internationale s'est compliquée. Il y a d'abord eu la montée du fascisme avec Hitler, qui s'appropriait des pouvoirs de plus en plus grands en Europe et qui armait son pays jusqu'à la garde. Au même moment, l'Union soviétique suivait une politique de purges en commettant toutes sortes d'abus et en perpétrant des crimes politiques. Bien sûr, tout cela a été exposé au grand jour plus tard, après les dénonciations faites par Khrouchtchev dans les années 1950, après la mort de Staline. Durant l'ère stalinienne, les dirigeants soviétiques ont pratiquement anéanti le parti et les forces armées, et ont contribué à créer les pires conditions au moment où la guerre a commencé, sauf en ce qui avait trait aux efforts d'industrialisation.

La création d'un front élargi

À cette époque, le communisme international, le *Komintern*, était en opération, définissant les politiques de tous les partis communistes au monde. Ils ont lancé le slogan d'un front élargi devant les menaces du fascisme, une politique que tous les partis communistes ont suivi avec une grande discipline – nous pouvons même dire avec une discipline exemplaire –, créant ainsi une situation nouvelle.

Batista a également commencé à se définir comme une sorte d'antifasciste et il a accepté de participer au front élargi. Les membres du parti communiste adhéraient largement à cette politique. Je me garde d'émettre un jugement historique, loin de là. Je laisse le soin aux historiens et aux chercheurs d'examiner s'il y avait une alternative possible dans les conditions qui prévalaient à cette époque. Cette politique était indiscutablement correcte, vue de l'extérieur, parce que c'est la division qui existait entre la gauche allemande, les sociodémocrates et le parti communiste allemand qui a permis à Hitler de s'emparer du pouvoir. En d'autres mots, il aurait été impératif qu'un parti se forme contre Hitler avant qu'il n'accède au pouvoir, alors qu'à

Cuba, un parti marxiste-léniniste concluait une alliance avec le gouvernement corrompu, sanguinaire et répressif de Batista.

Je dis cela parce que, d'après moi, cette situation a entraîné des conséquences politiques dans mon pays. Au moment même où l'armée réprimait avec violence les paysans, les ouvriers et les étudiants, le Parti communiste, en raison de ses engagements internationaux, se sentait quand même obligé d'être l'allié de ce gouvernement. Néanmoins, le Parti, on doit le dire, se montrait infatigable pour prendre la défense des intérêts des ouvriers. Toutes les grèves, toutes les luttes essentielles qui se sont déroulées à cette époque dans le but d'obtenir de meilleurs salaires ou d'améliorer les conditions de vie de la population, ont été entreprises par le Parti communiste et les dirigeants communistes de la classe ouvrière de façon très loyale et avec le plus grand dévouement. Toutefois, beaucoup de gens étaient contre Batista. Ils dénonçaient les abus, les crimes et la corruption. Cette contradiction a logiquement fait en sorte que beaucoup de jeunes gens qui avaient des tendances révolutionnaires, ainsi que des personnes de la gauche, ont arrêté de voir d'un bon œil le Parti marxiste-léniniste cubain et s'en sont détournés. Voilà pour la réalité historique objective.

Une fois la guerre contre le fascisme terminée, la guerre froide et la lutte des États-Unis contre le socialisme ont débuté. Les États-Unis sont sortis de cette guerre après avoir gagné une puissance énorme, augmenté sensiblement leur richesse et stocké presque toute la réserve d'or mondiale.

À cette époque, il y a eu un changement de gouvernement à Cuba. Batista fut vaincu aux élections de 1944 et Grau est arrivé au pouvoir. Beaucoup de personnes ont été amenées à penser qu'un gouvernement du peuple, un gouvernement honnête – vous pourriez presque dire un gouvernement « révolutionnaire » – était au pouvoir. Cependant, l'administration de ce gouvernement était déjà affaiblie par la politicaillerie et la corruption.

Une des plus grandes frustrations dont notre pays a souffert s'est produite quelques mois après l'arrivée au pouvoir de l'administration Grau. À cette époque, tout le monde se disait révolutionnaire, y compris les personnes qui avaient été contre Machado, toutes celles qui étaient présentes pendant la révolution de 1933, toutes celles qui avaient participé aux grèves politiques et à toutes les luttes de cette période-là. Eh bien, les politiciens avaient formé un gouvernement, mais à l'intérieur de ce groupe, il existait beaucoup de personnes qui déclaraient être révolutionnaires.

L'université et la politique

Un an après la victoire de Grau, je suis entré à l'université. Les protestations au sujet des magouillages et des détournements avaient déjà commencé. L'université était, comme de bien entendu, en effervescence. Tous ceux qui appuyaient ce gouvernement avaient siégé au Conseil d'administration révolutionnaire. Ils étaient ministres. Il y avait beaucoup de désordre.

Lorsque je suis arrivé à l'université, j'étais vraiment d'une ignorance totale en politique et les communistes ont dû me trouver étrange. Ils disaient: «Tiens, voilà le fils d'un propriétaire terrien qui sort du collège de Belén. Ce doit être un extrémiste de droite, pur et dur.» J'ai pratiquement fait peur aux quelques communistes qui fréquentaient l'université. Ils étaient seulement une poignée à lutter de façon vraiment très active dans des conditions fort difficiles. La répression avait commencé à les toucher dans cette période de guerre froide et de lutte contre le communisme. On était en train de les marginaliser. Une campagne anticommuniste féroce sévissait, avec de la propagande dans tous les médias, à la radio et dans les journaux; elle frappait de toutes les directions contre les idées progressistes. Une grande majorité des chefs ouvriers, des hommes intelligents qui avaient l'esprit de sacrifice, ont été assassinés par la suite.

Les sentiments contre l'expansionnisme s'étaient affaiblis, y compris à notre université, qui avait toujours été un bastion de l'anti-impérialisme, depuis l'époque de Mella[32] jusqu'à celle de Villena[33], au temps du Conseil d'administration révolutionnaire et des luttes contre Batista. J'ai été témoin de tout cela. J'ai parlé avec beaucoup de monde, des étudiants en droit, des personnes dans toutes les facultés, et je n'ai entendu à peu près aucun propos que l'on puisse qualifier d'anti-impérialiste.

L'université était devenue le bastion des jeunes supporters de Grau. Les autorités, toutes la police nationale, les forces de contre-espionnage – qu'importe le nom qu'on ait pu leur donner – étaient sous les ordres de Grau. L'armée était utilisée dans de grandes manœuvres de répression contre les grèves importantes et d'autres événements du genre. Mais la police était en charge de la majorité des activités, y compris les forces de police de l'université.

Pendant les premiers mois passés à l'université, j'ai fait du sport parce que je tenais à poursuivre ce genre d'activité. Je me suis également intéressé à la politique, pas tant celle qui touchait le monde à l'extérieur de l'université, mais surtout la politique interne de celle-ci.

Je me suis moi-même porté candidat au poste de délégué à l'anthropologie. Il s'agissait d'un sujet spécial, parce qu'on pouvait alors aider les étudiants de différentes manières, en leur fournissant des renseignements sur les travaux pratiques et en leur donnant des conseils sur les journées de laboratoire et d'examen. Nombre d'étudiants étaient inscrits à l'université et ne venaient pas aux cours. J'ai également organisé une candidature pour les étudiants de première année. Naturellement, des étudiants de seconde et de troisième année ont essayé de remporter la victoire sur nous, parce qu'ils voulaient obtenir la majorité. Les délégués de différents sujets qui étaient dans la même année élisaient le délégué de l'année en cours. Ces délégués, à leur tour, élisaient le président de l'École de droit. C'est ainsi que cela fonctionnait.

J'ai commencé à participer à ces activités alors que j'étais en première année et que je pratiquais un tas de sports. Je n'ai pas mis longtemps à m'apercevoir que je ne pouvais pas faire les deux. Naturellement, je me suis tout de suite consacré entièrement aux activités politiques: j'ai organisé les candidatures, j'ai cherché des appuis auprès des autres étudiants. Nous avons bien travaillé. Nous devions traiter avec quelques politicards vraiment habiles, mais notre travail a donné de bons résultats.

Je me souviens que le jour des élections, environ 200 étudiants ont participé au scrutin. J'ai obtenu 181 votes et mon adversaire 33. Notre groupe a gagné pour tous les sujets et a remporté tous les postes de délégués de première année. Comment cela s'est-il terminé aux élections finales? Le vote fut unanime: la majorité l'a emporté et ils m'ont élu délégué de classe. À peu près au même moment, ils m'ont nommé trésorier de la classe. À dire vrai, c'était plutôt étrange, car l'École de droit n'avait pas un sou. Il s'agissait donc d'une nomination honoraire; j'étais le trésorier de rien du tout. C'est ainsi qu'a débuté ma première année.

J'avais déjà commencé à me faire remarquer. À cette époque, la crédibilité du gouvernement avait commencé à se détériorer rapidement et nous, les étudiants, protestions contre ce dernier.

C'est à cette époque qu'eut lieu la scission menée par Chibás au sein du Parti orthodoxe, en réponse à la frustration causée par le gouvernement Grau. Elle a donné naissance au nouveau Parti du peuple cubain[34]. Nous avions déjà organisé des manifestations contre ce gouvernement. Les dirigeants universitaires, à cette époque, possédaient de hauts postes au sein du gouvernement, de commodes sinécures et à peu près tout ce qu'ils voulaient. Ils avaient toutes les ressources gouvernementales à leur disposition.

Ma lutte a dû s'intensifier pendant ma deuxième année, lorsque la Faculté de droit s'était trouvée à un poste charnière au cours des élections à la Fédération des étudiants universitaires (FEU). Animé du même esprit, j'ai fait le même travail la deuxième année, travaillant pour la première et la deuxième année en même temps, et appliquant les mêmes politiques. Nos adversaires de deuxième année se sont trouvés dans l'incapacité de présenter un candidat. Nous avons donc remporté une victoire magnifique avec l'appui des étudiants de première année. Un vrai raz-de-marée. Nous avions deux classes avec nous. Les supporters du gouvernement ont tenté de prendre le contrôle de la FEU de toutes les manières possibles, tout d'abord en essayant de remporter la victoire et, par la suite, en nous menaçant.

Mes adversaires à ces élections à la Faculté de droit étaient des candidats sérieux, mais ils n'étaient pas en faveur du gouvernement. Cela suscitait une certaine division dans leurs rangs. Le résultat aurait pu être tout autre. La voix d'un individu de quatrième année (il y avait cinq années et chaque année avait droit à un vote) fut décisive. Même s'il était médiocre, il fut élu président de l'école, parce qu'il s'était engagé à voter contre le candidat du gouvernement à la FEU. Je pense avoir agi avec un peu de précipitation, car je me suis emballé face aux querelles internes de la Faculté. Avec un peu plus d'expérience, j'aurais recherché un candidat plus compétent, plus loyal et non aligné, un postulant qui n'aurait pas, non plus, été forcément pour le gouvernement. Notre candidat n'a pas respecté son engagement de voter contre le gouvernement à la FEU. Il nous revenait donc de lui enlever son mandat. Nous avons réussi à l'évincer avec une majorité d'une voix.

C'est ainsi que les politiques de la Faculté de droit devinrent une pomme de discorde et la question de l'heure à l'université.

À la suite de la révolution avortée, plusieurs factions se sont dites «révolutionnaires» et les médias leur ont accordé une couverture complète. En général, ces gens étaient acceptés par une grande partie de l'opinion publique à cause des gestes qu'ils avaient posés lors d'événements précédents. Ils étaient tous reliés au gouvernement, même s'il y avait entre eux une certaine rivalité.

J'étais donc tout seul à l'université – absolument seul – lorsque soudainement, au milieu de ce processus électoral, j'ai dû faire face à un groupe de la mafia universitaire qui voulait à tout prix garder la main haute sur l'université. Ils contrôlaient le bureau du recteur, la police universitaire, la police municipale, absolument tout. Ils ont décidé que le renvoi du président de la FEU était invalide, renvoi que nous avions décrété par une loi. Leur argument était qu'il n'y avait rien dans les statuts qui parle de renvoi, bien que dans les faits il y ait eu beaucoup de précédents où le renvoi d'adversaires avait été accepté par les mêmes autorités. Le bureau du recteur a donc annulé le renvoi du président de la Faculté de droit. Ces élections devaient décider si l'université allait rester aux mains de forces pro ou antigouvernementales. Voilà toute l'histoire.

Je courais un danger de plus en plus, à cause de l'environnement même de l'université. La force, la peur et les fusils y régnaient. Le groupe dominant était étroitement lié au gouvernement et profitait du soutien, des ressources et des armes du pouvoir en place.

Pourquoi ai-je cru avoir agi de façon prématurée? J'aurais peut-être dû laisser se prolonger cette confrontation. Néanmoins, je n'avais pas pu résister aux tentatives d'intimidation et aux menaces et je me suis retrouvé tout seul, en lutte ouverte contre toutes ces forces. Je ne possédais pas d'organisation pour les attaquer ni de parti pour m'appuyer. Pour eux, il s'agissait d'une rébellion pour tenter de soumettre l'université et imposer leur volonté par la force.

Interdit de séjour à l'université

Beaucoup d'articles ont été écrits sur mes années à l'université. Des gens ont cherché des faits, des dates, un peu de tout. Je ne suis pas vraiment satisfait de ces articles, mais je respecte leur droit de les publier et, finalement, ces écrits ne sont pas si mauvais que cela. Ils renferment beaucoup de renseignements mais, en général, on y trouve beaucoup d'omissions sur ce qui s'est réellement passé.

Sans entrer dans une foule de détails, disons que les pressions physiques comme les menaces qui pesaient contre moi étaient très fortes. Les élections de la FEU approchaient et le groupe de la mafia m'avait interdit de me présenter à l'université. Je crois que Luisito Báez Delgado a écrit un article dans lequel il racontait comment j'étais parti à la plage pour décider si je devais retourner ou non à l'université et comment, en fin de compte, j'avais décidé de m'y rendre.

J'ai raconté plusieurs fois cette histoire à mes amis. Non seulement suis-je allé à la plage pour réfléchir, mais j'y ai aussi pleuré, à l'âge de 20 ans, non parce que l'on m'avait interdit de retourner sur le campus, mais parce qu'envers et contre tous, j'allais m'y représenter. Mes adversaires étaient nombreux – je ne connaissais pas leur nombre exact –, et les autorités les appuyaient. J'y suis donc retourné, mais armé. On peut dire qu'il s'agissait de ma première lutte armée personnelle parce qu'à cette époque, une intervention de ce genre était pratiquement impossible. J'ai demandé à un de mes amis, qui avait un passé d'opposant à Machado et à Batista, de me trouver un pistolet, et il m'a procuré un Browning à 15 coups. Je me suis senti bien protégé avec cette arme parce que d'habitude j'étais un excellent fusilleur. Ayant vécu à la campagne, j'y avais acquis beaucoup d'expérience dans le maniement des armes, grâce à celles que nous avions à la maison et dont je me servais sans demander la permission. C'est ainsi que je suis devenu un bon tireur.

Pourquoi donc ai-je pleuré? Tout d'abord, parce que j'ai ressenti que, de toute façon, je devais me sacrifier. Après la bataille à l'université, pour laquelle j'ai reçu un appui considérable de la part des étudiants – je veux parler de tous les étudiants de ma promotion, de ceux qui étaient plus jeunes et des camarades des autres facultés –, je devais défier le fait d'avoir été banni. Je me suis décidé et je me suis armé. Penser que personne, peut-être, ne reconnaîtrait le mérite d'une telle mort, que l'histoire des événements serait écrite par nos ennemis, m'affligeait au plus haut point. Néanmoins, ma décision était prise: j'allais non seulement y retourner, mais me battre avec acharnement. Nous ne savions pas combien de nos adversaires devraient, tout comme moi, payer leur prise de position de leur vie. J'ai décidé de me présenter. Je n'avais aucun doute sur ce que j'avais à faire.

Pourquoi ne suis-je pas mort ce jour-là? En vérité, j'avais un ami qui avait des copains répartis dans différentes organisations. Ils se sont regroupés. En fin de compte, il y a eu beaucoup de monde, et ces camarades étaient tous armés. Certains d'entre eux étaient des jeunes gens courageux et très estimés. Mon ami a pris une initiative, car il entretenait de très bonnes relations avec les étudiants. Il m'a dit: « Tu ne peux pas te sacrifier tout seul, comme cela. » Il a persuadé sept ou huit étudiants de m'accompagner, des types que je ne connaissais même pas. Ils ont été fantastiques. J'ai connu beaucoup d'hommes, beaucoup de bons combattants, mais je peux classer ces garçons parmi les plus courageux de tous ceux que j'ai eu l'honneur de connaître. Je n'étais donc plus seul.

Nous nous sommes rencontrés à côté de la cafétéria. Les fiers-à-bras et la mafia s'étaient rassemblés près de la Faculté de droit. J'ai donc dit aux autres: « Vous trois, allez en avant. Trois autres vont passer par l'escalier qui se trouve là. Et les trois autres vont passer par là. » Nous sommes donc arrivés soudainement, et ceux qui nous attendaient – ils étaient entre 15 et 20 – se sont mis à trembler. Je n'avais jamais imaginé que nous puissions les défier de la sorte. Cette fois-là, il ne s'est rien passé; ils se sont contentés de trembler comme des feuilles. Je suis donc allé à l'université et j'ai continué à y aller, mais, après ce jour-là, j'étais de nouveau tout seul.

De temps en temps, j'étais armé et cela posait un autre genre de problème. Il y avait une police universitaire, la police municipale ainsi que toutes les forces de répression, sans oublier les tribunaux et le tribunal d'urgence. Une loi stipulait que tout détenteur d'armes risquait d'être incarcéré. Je me suis donc retrouvé face à un autre dilemme: je devais affronter le gang de la mafia sans arme, sinon ces fripouilles pouvaient s'emparer de moi et me faire jeter en prison. Les tribunaux étaient très sévères et on pouvait se retrouver sous les verrous sur un simple geste de la part des autorités gouvernementales. Je devais donc poursuivre mon combat contre cette bande qui, contrairement à moi, était toujours armée.

Cette lutte sur le campus de l'université, ainsi que l'opposition au contrôle de cette dernière par le gouvernement, devait être menée sans armes. Voilà pourquoi je dis qu'il s'agissait d'une lutte armée qui se déroulait dans des circonstances tout à fait spéciales et qu'en bien des occasions, je me suis retrouvé tout seul. En fin de compte, ils se sont fatigués d'avoir toujours à élaborer des plans. Le hasard et la chance étaient constamment à l'ordre du jour. Il est arrivé que toute la classe d'anthropologie me raccompagne chez moi pour me protéger, parce que j'étais sans arme et que mes adversaires étaient organisés et armés...

Voilà un aperçu des hauts et des bas de la vie à cette époque. La lutte pour la FEU était si harassante qu'elle fut finalement plus ou moins résolue à la fin d'une réunion où se sont retrouvés amis et adversaires, et qu'un compromis fut trouvé pour le choix d'un candidat. Une période de calme et de réconciliation suivit.

La lutte contre Trujillo

C'est au milieu de tout ce tohu-bohu qu'eut lieu l'expédition de Cayo Confites[35]. Nous étions au milieu de 1947, et j'arrivais à la fin de ma deuxième année d'université. J'avais déjà été nommé président du comité dominicain prodémocratique et également du comité pour la libération de Porto Rico. À l'université, il y avait une forte opposition contre Trujillo[36] et un mouvement en faveur de la libération de Porto Rico. Albizu Campos[37] était dans les parages. Il a entrepris des mouvements insurrectionnels qui ont donné naissance à beaucoup de manifestations de soutien.

Il y avait énormément de manifestations contre le gouvernement devant le palais présidentiel, à cette époque. J'ai été photographié devant les murs du palais, alors que je faisais un discours contre Grau. Ce dernier voulait parler aux représentants, mais nous ne voulions avoir aucun contact avec lui. Nous protestions contre le meurtre d'un étudiant. Étant donné qu'il y a eu beaucoup de manifestations de ce genre, je ne me souviens plus exactement des circonstances exactes de ce crime.

Pendant que nous participions à ces dures luttes, les partisans de Grau sont devenus incroyablement puissants. Nous étions à l'ère d'Alemán[38], de l'infâme coalition BAGA et de ses vols effrénés. Tous les groupements qui dominaient à l'université accordaient leur appui à Alemán, qui avait des ambitions politiques. Ils se drapaient dans la bannière de la noble cause de la République dominicaine.

À ce moment-là, on croyait que les conditions étaient réunies pour organiser l'assaut final contre Trujillo. À Cuba, mis à part les Dominicains eux-mêmes, beaucoup de personnes ont organisé l'expédition de Cayo Confites. Alemán, le ministre de l'Éducation, a fourni la majorité des fonds. Cela a été l'un des événements les plus mal organisés qu'il m'ait été donné de voir de toute mon existence. Ils ont rassemblé des personnes dans les rues de La Havane sans tenir compte de leur niveau d'éducation, de leur conscience politique ou de leurs connaissances générales. Tout ce qu'ils voulaient, c'était organiser une armée aussi artificielle que possible. Ils ont réussi à rassembler 1 200 hommes.

Naturellement, lorsque j'ai vu que la bataille allait s'engager contre le président Trujillo et du fait que j'étais le président du comité dominicain prodémocratique, je me suis immédiatement décidé: j'ai fait ma valise et, sans le dire à quiconque, je suis parti pour Cayo Confites afin de m'engager dans cette expédition.

Le facteur le plus important à retenir, c'est que je me suis engagé avec tous mes ennemis. Curieusement, ils m'ont respecté. Toutes ces années pendant lesquelles j'avais fait face à la mort m'avaient appris que les ennemis respectent ceux qui n'ont pas peur d'eux, ceux qui les défient. Cette action, entreprise alors que j'étais étudiant, m'avait attiré leur respect. C'est ainsi que cela s'est passé.

À Cayo Confites, tout a commencé à mal tourner alors que nous en étions au stade final de préparation. Alemán avait le contrôle absolu sur l'argent et fournissait tout ce dont l'expédition avait besoin, pendant que Trujillo achetait Genovevo Pérez, le chef de l'armée. C'est à ce moment-là qu'ont débuté les conflits entre les divers groupes qui se proclamaient révolutionnaires. Beaucoup croyaient l'être, et ils le croyaient vraiment; pourtant, si on leur demandait ce qu'était une révolution, ils n'en avaient aucune idée. Qui étaient ces hommes qui allaient porter le flambeau d'une révolution ou exprimer des idées révolutionnaires? Étaient-ce les communistes, ceux qui prenaient la défense des masses laborieuses, qui étaient détenteurs d'une idéologie, d'une théorie révolutionnaire? Beaucoup croyaient que faire la révolution signifiait punir les crapules de l'époque de Machado ou les malfrats de Batista, qui avaient commis des crimes contre la population. Pour eux, être un «révolutionnaire» se résumait à cela.

La situation a commencé à se détériorer. C'est à cette époque qu'a eu lieu le massacre d'Orfila. Un groupe, qui avait derrière lui tout le poids des forces répressives de l'armée et des autres forces de police, est entré dans une maison privée et a commencé à tirer. Dans leur tentative pour capturer et tuer un des chefs de l'opposition, ils ont également tué la maîtresse de maison et toutes les personnes qui se trouvaient là. L'armée fut mandatée et la bataille a duré quatre heures. Tout cela est arrivé lorsque nous étions à Cayo Confites.

Un journaliste qui avait réussi à prendre des photos de cet événement est devenu célèbre. Cela a fait tout un scandale. Genovevo, qui était à la tête de l'armée, a profité de l'incident pour annuler l'expédition dominicaine, car il avait des raisons logiques de croire qu'elle pourrait donner du pouvoir à son rival advenant que le mouvement d'insurrection en République dominicaine réussisse. Ils ont donc profité de la situation pour éliminer tous les rivaux possibles, ont emprisonné toutes les personnes haut placées et ont enlevé tout pouvoir aux forces de polices motorisées, au bureau de contre-espionnage ainsi qu'aux corps de police judiciaire, secrète et nationale, qui ont été retirés de tous les postes clés et ont perdu tout leur pouvoir.

Organisation d'une guérilla

Donc, nous étions en route pour la République dominicaine lorsque l'expédition a avorté, et il s'est produit une désertion générale. J'ai eu, à partir de ce moment-là, l'idée d'organiser une guérilla. J'avais sous mes ordres une compagnie de soldats. La situation était totalement chaotique: il n'y avait pas d'organisation, aucune efficacité, absolument rien. Mais je me suis dis: «Nous devons y aller.» J'ai presque organisé une guérilla chez les Dominicains. À cause de mes expériences cubaines et de ma conviction que l'on pouvait se battre contre l'armée, j'entrevoyais déjà la possibilité d'organiser une guérilla dans les montagnes de la République dominicaine. Nous étions en 1947.

À mon retour, je n'ai pas été incarcéré. Je n'aurais d'ailleurs pas pu me résigner à aller en prison, mais ça c'est une autre longue histoire. J'ai réussi à conserver quelques armes que j'ai perdues par la suite à cause d'une trahison. Au moment où tout le monde à La Havane pensait que j'avais été dévoré par les requins de la baie de Nipe, je suis réapparu sur les marches de l'université. Les gens n'en croyaient pas leurs yeux, car je n'avais été en contact avec personne depuis mon retour à La Havane.

La bataille d'Orfila avait modifié la situation. L'intervention de l'armée et le désarmement du groupe principal qui dominait à l'université avaient créé des conditions optimales, et on peut dire que l'appui des étudiants était généralisé.

J'ai dû alors faire face au problème suivant: l'expédition devait avoir lieu en juin ou juillet, et s'était prolongée jusqu'à la fin de septembre. Dans certaines matières, j'aurais pu me présenter à des examens en septembre. Mais, lorsque je suis arrivé, les examens étaient déjà passés et je me suis trouvé face aux choix suivants: soit m'inscrire à nouveau en deuxième année en tant qu'étudiant officiel pour pouvoir continuer mon travail à l'intérieur de la FEU, soit me contenter de m'inscrire aux examens. Ce fut une décision très difficile à prendre, parce que je n'avais jamais pu supporter les éternels étudiants et les éternels leaders qui s'inscrivaient à répétition. C'est une situation que j'avais toujours beaucoup critiquée et je ne pouvais me résoudre à me retrouver dans la même position. J'ai donc choisi de m'inscrire aux examens.

Je fus alors confronté à une situation contradictoire: j'avais beaucoup de supporters à l'université, mais ne pouvais postuler un poste officiel dans l'organisation. Cependant, je n'ai pas hésité à prendre ma décision et je suis satisfait de ce que j'ai fait à cette époque.

Quand je suis revenu, la situation s'était considérablement améliorée; elle était plus calme et moins périlleuse. C'est à ce moment-là que j'ai décidé d'organiser un congrès des étudiants d'Amérique latine en Colombie, qui devait coïncider avec la fameuse conférence de l'OEA[39], où devaient être adoptées je ne sais trop combien de mesures réactionnaires. Nous avons réussi à rassembler quelques personnes. Je suis allé au Venezuela et au Panama, des pays où se déroulaient des activités intenses. J'étais en train de travailler avec les étudiants en Colombie quand j'ai été mis en contact avec Gaitán, un chef au talent exceptionnel qui avait l'appui général de la population et qui, malheureusement, a été assassiné le 9 avril, une heure avant qu'il ne nous rencontre pour la deuxième fois. Nous nous préparions à le rencontrer lorsque l'insurrection a éclaté à Bogotá[40].

Une conscience révolutionnaire

La chose la plus importante pour moi était mon apprentissage de la politique ainsi que le développement d'une conscience révolutionnaire. J'entretenais des idées traditionnelles en ce qui concernait la guerre de l'indépendance et les écrits de José Martí. J'appuyais fortement Martí et ses idées. J'avais lu tout ce qui avait paru sur les guerres d'indépendance; puis, je me suis familiarisé avec les concepts économiques. J'ai découvert les absurdités du système capitaliste et j'ai développé ma propre façon de penser, c'est-à-dire un socialisme utopiste plus qu'un socialisme scientifique. Je me sentais interpellé par la nature chaotique des choses, par la mauvaise organisation qui régnait avec un surplus de travail à certains endroits et le chômage ailleurs, avec une surabondance de nourriture à certains endroits et la famine à d'autres. Je suis devenu conscient des bouleversements occasionnés par la société capitaliste et je suis arrivé à la conclusion que les théories économiques qui nous étaient enseignées étaient ineptes.

C'est pourquoi lorsque j'ai pris connaissance pour la première fois du fameux *Manifeste du Parti communiste* de Karl Marx, ce livre eut un grand impact sur moi. J'ai aussi lu quelques textes à l'université qui m'ont éclairé, comme *La historia de la legislación obrera* (Histoire de la législation du travail), écrite par quelqu'un qui n'a pas été fidèle à cette histoire par la suite. J'ai également étudié les textes de Raúl Roa[41], ainsi que d'autres œuvres politiques. Autrement dit, j'ai pu affiner mes idées grâce à des textes écrits par différents professeurs. J'ai également été aidé par la librairie du Parti socialiste populaire[42], où j'achetais tout à crédit parce que je n'avais jamais suffisamment d'argent pour payer comptant. En somme, je me suis graduellement constitué une bibliothèque de tout ce qui avait pu être écrit sur le marxisme-léninisme. Ce sont mes professeurs qui m'ont fourni en textes que j'ai lus plus tard avec avidité.

Le Parti orthodoxe a été fondé à peu près à la même époque et j'ai joint ses rangs dès le début. Un peu plus tard, je suis devenu socialiste, me situant à l'aile gauche du Parti orthodoxe.

Quel était donc l'élément clé dans tout cela? J'étais convaincu que le Parti communiste était isolé et qu'en raison des conditions qui prévalaient depuis la guerre froide et des nombreux préjugés anticommunistes qui avaient cours à Cuba à cette époque, il n'était pas possible de faire une révolution sur les bases du Parti populaire cubain, même si ce dernier le désirait. Les États-Unis et les réactionnaires à l'intérieur de Cuba avaient suffisamment isolé le parti pour l'empêcher de mener à bien une révolution. C'est alors que j'ai commencé à penser qu'il existait d'autres moyens à prendre pour réussir un tel projet.

Étant donné l'intensité des activités à Cuba à cette époque et la grande popularité du mouvement de Chibás parmi les masses populaires, je me suis imaginé faisant partie d'un mouvement qui bénéficiait d'un appui important de la population. Un mouvement qui offrait des concepts attrayants pour lutter contre le vice et la corruption, et défendait des idées sociales qui n'étaient pas encore tout à fait révolutionnaires. Ce parti était tombé aux mains de grands propriétaires terriens, sauf à La Havane. Lorsque le Parti populaire sortait des rangs, l'administration provinciale tombait tout de suite aux mains des propriétaires terriens et des riches. Il s'est produit la même chose avec le Parti orthodoxe. À cause de ces contradictions et de la mort tragique d'un de ses importants chefs et militants, j'ai formulé un concept où j'énonçais comment une révolution devait avoir lieu à Cuba.

Après le suicide de Chibás[43], le parti est resté sans chef. Nous devions à tout prix remporter les élections. À cause de l'appui qu'il avait obtenu après la mort de Chibás, il était inévitable que le Parti orthodoxe cubain gagne les élections.

J'étais confronté à l'impossibilité d'une révolution et à la certitude qu'elle serait contrecarrée rapidement. Alors, j'ai commencé à élaborer un plan pour l'avenir: organiser un programme révolutionnaire et préparer l'insurrection du peuple de l'intérieur du gouvernement et du congrès. À partir de ce moment-là, j'avais mis au point tout le concept. J'avais élaboré toutes mes idées en les prenant dans *La historia me absolverá* (*L'histoire m'acquittera*[44]). Cela m'a aussi inspiré les mesures qu'il fallait prendre ainsi que la manière de les mettre en place. Cela constituait la première stratégie que j'avais mise au point, à peine six ans après avoir commencé l'université. On peut dire que cela m'a pris six ans pour acquérir une conscience révolutionnaire et pour planifier une stratégie en conséquence.

Le Mouvement du 26 juillet est lancé

Tout a été bouleversé lorsque est survenu le coup d'État du 10 mars 1952[45], car il a arrêté net ce processus et a établi un gouvernement militaire par la force. Il s'agissait d'un nouveau défi et nous n'avions pas l'intention de faire la révolution tout seuls. Nous avons pensé qu'un sentiment d'intérêt national élémentaire, un primordial sens de l'honneur patriotique, pousserait les forces de l'opposition à se rassembler pour combattre Batista. Nous avons commencé à nous préparer pour ce moment là, pour combattre avec les autres forces pour ce que nous croyions être un événement inévitable et essentiel au pays. Nous avons commencé à préparer les gens à l'université. Il s'agissait d'une opération secrète. Quelque 1 200 membres du Mouvement du 26 juillet ont reçu leur entraînement dans la Chambre des Martyrs de l'université.

L'expérience que j'avais vécue à Cayo Confites et les problèmes éprouvés lors de l'expédition m'avaient appris beaucoup de choses. Les expériences vécues pendant le premier mois de la lutte clandestine nous avaient bien enseigné la manière d'agir et nous avons donc pu entraîner 1 200 membres avant le 26 juillet, grâce à la coopération d'un certain nombre de camarades de la FEU et de l'université.

Je vais maintenant mentionner une chose dont je n'ai encore jamais parlé: c'est en secret que j'ai dû procéder à l'entraînement des participants au Mouvement du 26 juillet, sur le campus, parce qu'il y avait beaucoup de jalousie parmi les étudiants après le coup d'État du 10 mars. Des gens pensaient que l'histoire allait se répéter et que l'université allait prendre les commandes comme elle l'avait fait en 1933. C'est en fait ce qui s'est produit, mais l'issue a été tout autre. Je dois donc dire avec beaucoup d'amertume qu'étant donné la jalousie de certains étudiants, il me fallait agir dans la clandestinité.

Lorsque s'est produit le coup d'État du 10 mars, les seules personnes qui avaient de l'argent – des millions, des ressources de toutes sortes – étaient les membres du gouvernement qui avait été renversé. Ils commencèrent donc à mobiliser leurs ressources pour acheter des armes. Ces personnes éprouvaient, bien entendu, une forte haine à mon égard. Vous n'avez qu'à jeter un coup d'œil aux accusations que j'ai portées dans le journal *Alerta* pendant les semaines qui ont précédé le coup d'État du 10 mars. Elles avaient eu droit à une place de choix parmi les grands titres de la une de ce journal qui, à cette époque, avait le plus fort tirage au pays. Cela se passait pendant les mois de janvier et de février de l'année 1952. Ils ont essayé de me faire porter le blâme du coup d'État, avant même que j'écrive deux autres articles qui allaient encore plus loin et dans lesquels je poussais ce cri de ralliement: « Vous n'avez pas besoin d'aller au Guatemala! »

Tout cela avait pour origine le fait que Chibás s'était suicidé en accusant plusieurs politiciens de posséder des domaines au Guatemala, mais il n'avait pas pu le prouver. Il avait été soumis à des pressions terribles. Désespéré, il s'est enlevé la vie. J'ai écrit que vous n'aviez pas besoin d'aller au Guatemala et j'ai révélé toutes les propriétés que ces magouilleurs possédaient ici et toutes les affaires douteuses dans lesquelles ils avaient trempé. Mon nouveau statut d'avocat m'était très utile pour avoir accès aux registres de propriété et aux actes notariés concernant celles-ci. Tous ces documents pouvaient être présentés comme des preuves irréfutables et causer un très fort impact.

C'est pourquoi ces personnes me faisaient porter le blâme de la démoralisation qui avait provoqué le coup d'État – une idée sans fondement et sans aucun sens, mais qui était bien ancrée. Je me suis donc retrouvé à devoir affronter une haine terrible d'un côté et de la jalousie à l'université. Cependant, personne ne doit être laissé dans l'incertitude. Il n'y a jamais eu ni haine ni jalousie venant de José Antonio Etchevarría[46], *jamais*. Il s'est toujours révélé un camarade loyal et un excellent ami. Cependant, le problème venait de ce que certaines personnes voulaient à tout prix empêcher la révolution d'avoir lieu au sein de l'université. Voilà donc les conditions dans lesquelles nous avons organisé le Mouvement du 26 juillet. Lorsque nous avons vu toutes les erreurs énormes commises par ceux qui auraient pu aider la rébellion grâce à leurs ressources, les divisions qui existaient entre les partis et les organisations ainsi que leur incapacité d'agir, nous avons décidé de commencer la lutte armée avec les forces du Mouvement du 26 juillet.

Je pense que si on analyse ma vie, on peut voir que, pour moi, rien n'a été plus enrichissant que ces années de lutte à l'université.

Nous avons continué à être liés à l'université dans tous nos préparatifs pour le 26 juillet. Nous avons pris part à toutes ces manifestations parce que nous avions la force de le faire et que beaucoup d'organisations et de gens s'étaient engagés. Nous avons réussi à former une organisation qui comptait moins de 1 200 membres bien entraînés.

Nous avons souvent eu recours aux voies légales, y compris au bureau du district du Parti orthodoxe, situé au 109, avenue du Prado, à La Havane. C'est là que je rencontrais chacune des cellules. Nous les envoyions s'entraîner à l'université et en d'autres endroits. La tâche était énorme et s'appuyait fondamentalement sur le mouvement des jeunes du Parti orthodoxe qui, comme je l'ai mentionné, avait beaucoup d'influence au niveau populaire, ce qui a permis de recruter un nombre considérable de partisans parmi les jeunes; 90 % des camarades que nous avions choisis provenaient des rangs du mouvement des jeunes du Parti orthodoxe que nous avons réussi à recruter en cachette.

Les débuts de la révolution

Finalement, seulement 160 des hommes que nous avions formés ont pu participer à la bataille à Moncada et à Bayamo, c'est-à-dire une personne sur neuf. Nous avons vraiment pu faire une bonne sélection à l'intérieur des groupes qui s'étaient rendus jusque-là, dans la légalité la plus complète.

Il y a beaucoup d'histoires et d'anecdotes intéressantes à raconter sur la période qui va du 10 mars 1952 jusqu'au 26 juillet 1953. À titre d'exemple, j'ai couvert plus de 50 000 kilomètres dans ma petite voiture, une Chevrolet 1950, achetée à crédit. Elle a rendu l'âme deux jours avant l'attaque contre la caserne Moncada. À cette époque, nous louions des voitures. Comme vous pouvez l'imaginer, nous travaillions de manière différente, en nous adaptant aux conditions qui prévalaient.

Une chose jouait en notre faveur: la police de Batista ne faisait pas beaucoup attention à nous, étant donné qu'elle surveillait davantage le Parti authentique – le Triple A[47] – et tous ces individus qui possédaient des centaines et des milliers d'armes. Ils savaient que nous n'avions ni armes ni ressources. Cela nous a permis de travailler en toute légalité pendant tout ce temps-là, à l'exception de rares occasions où nous devions faire preuve de discrétion.

Je dois ajouter que lors de tous les conflits universitaires que j'ai déjà évoqués, beaucoup de mes opposants, même ceux qui avaient voulu et voulaient encore me tuer, ont joint notre mouvement pendant la révolution, et surtout pendant la guérilla dans la Sierra Maestra. Beaucoup de nos adversaires les plus féroces ont rallié le Mouvement du 26 juillet pour se battre à nos côtés. Certains y ont même perdu la vie. Vous pouvez donc observer ces paradoxes qui font partie de l'existence et voir comment certaines périodes historiques peuvent déboucher sur d'autres époques. Ces adversaires avaient confiance en nous et nous ont rejoints. J'ai toujours eu beaucoup d'admiration pour ceux de nos camarades qui ont agi ainsi.

Lorsque je suis entré à l'université, il y a 50 ans, j'y ai trouvé une société fragmentée où l'esprit anti-impérialiste avait été mis en veilleuse, où l'on pouvait presque compter les communistes sur les doigts de la main. Notre université est tellement différente à l'heure actuelle!

À cette époque, il y avait des jeunes gens et des jeunes femmes très enthousiastes, qui se mobilisaient très vite pour faire une manifestation. Cependant, ils n'avaient aucune conscience politique, aucune conscience révolutionnaire. Il n'y avait que le tempérament rebelle et indiscipliné des jeunes et les traditions héroïques de l'université. Lorsque je suis entré dans cette institution d'enseignement supérieur, j'ai été très rapidement marqué par les événements du 27 novembre et l'exécution des étudiants en 1871[48], la mort de Trejo, celle de Mella, l'histoire de Mella et de Martínez Villena, l'épopée de tous ceux qui sont morts – même s'ils n'étaient pas communistes comme Mella et Villena –, jusqu'à l'époque encore plus lointaine de Céspedes et d'Ignacio Agramonte[49].

Un climat d'héroïsme durable imprégnait l'université, et tous en percevaient l'impact. Il agissait sur chacun d'entre nous. L'atmosphère de cette université et la matière première avec laquelle nous devions travailler avaient sur nous un effet tout à fait particulier.

J'ai commencé par vous raconter à quel point j'étais un mauvais étudiant. Pourtant, je n'ai pas eu une seule note que je n'avais pas vraiment méritée. Je n'ai jamais copié sur un camarade. J'ai étudié toutes les matières.

Il existe un dossier universitaire où sont inscrits les 47 sujets que j'ai dû étudier en presque un an. Je me suis inscrit à 20 cours sans être un étudiant officiel. Je me suis consacré à mes études sans cesser mes autres activités et j'ai réussi les 20 cours cette même année. Je me suis inscrit à 30 cours l'année suivante, et ce n'était pas par manie; je l'ai fait parce que je voulais obtenir quatre diplômes: un en droit, un en droit diplomatique ou international, un autre en droit administratif et, en plus, un doctorat en sciences sociales et en droit public. Il ne me restait plus que trois sujets à couvrir et je les gardais pour plus tard. D'ailleurs, je les connaissais déjà très bien.

J'ai songé à délaisser le Mouvement à ce moment-là, pour avoir le temps d'étudier. Je voulais potasser l'économie politique, mais j'avais besoin d'une bourse. Il fallait que je réussisse ces 50 matières pour obtenir la bourse en question, et j'y suis arrivé. Cependant, les événements à Cuba se précipitaient au même moment et j'ai changé de plan. J'ai renoncé à mes études et me suis entièrement consacré à la lutte révolutionnaire.

Ne me prenez pas pour un modèle. Je ne me considère pas ainsi, et j'étais encore moins l'exemple de l'étudiant parfait. J'ai simplement essayé d'être un bon révolutionnaire, d'être un bon soldat. Et si l'un d'entre vous était tenté de m'imiter, de grâce, essayez de vous inspirer des quelques succès que j'ai remportés et épargnez-vous toutes les erreurs que j'ai commises!

C'est donc en toute modestie, et animé d'une sincérité totale et absolue, que je reçois l'affection que vous m'avez témoignée ce soir et que j'accepte cette terrible tâche qui consiste à vous parler de moi.

CHAPITRE 3

COLOMBIE 1948: Un avant-goût de la révolution*

J'étais à l'université et je terminais ma troisième année de droit. À la fin de l'année universitaire 1947, les révolutionnaires dominicains, qui luttaient depuis bien des années, ont organisé une expédition en République dominicaine. À cette époque, un membre du gouvernement cubain les a aidés à parvenir à leurs fins. Je ne veux pas vous parler de cette expédition ni des erreurs commises par ses organisateurs, parce qu'il s'agit là d'une autre histoire, mais le fait est que j'étais le président de la Faculté de droit – un étudiant, un représentant officiel de l'université.

L'expédition en République dominicaine

En cette fin d'année 1947, il me restait donc encore à me présenter à quelques examens. Ma nomination au poste de président de la Faculté de droit était remise en question. Des membres de l'administration Grau conservaient la mainmise sur l'université. Une majorité des délégués de la Faculté de droit avait demandé le renvoi du président, qui était très étroitement lié avec le gouvernement, et m'avait élu à sa place. Les autorités

* *En septembre 1981, le journaliste colombien Arturo Alape a interviewé Fidel Castro au sujet de ses exploits de jeunesse alors qu'il était étudiant et activiste international, et qu'il organisait et animait des mouvements d'action solidaire en conjonction avec les mouvements populaires en République dominicaine, à Panama, à Porto Rico et en Colombie. Cette entrevue, quelque peu abrégée, est publiée pour la première fois ici en français.*

de l'université, dominées par le gouvernement, n'ont pas voulu accepter mon élection. Officiellement, j'étais donc le vice-président de la Faculté, et je venais d'être élu président du comité pour la démocratie en République dominicaine (CPDD) à l'Université de La Havane.

L'expédition en République dominicaine avait été organisée en juillet, à la fin de l'année universitaire. J'ai pensé qu'en raison de mes contacts avec les chefs dominicains exilés – particulièrement Rodriguez, leur principal leader à cette époque –, mon premier devoir était de m'engager comme homme de troupe, même si je n'avais pas participé à l'organisation de l'expédition. Et c'est ce que j'ai fait. (Je n'avais aucunement participé à l'organisation de l'expédition, parce que le gouvernement et des personnes au sein de celui-ci s'en étaient chargés et que j'étais contre le gouvernement. Les organisateurs avaient, de plus, bénéficié des ressources des Dominicains et de celles du gouvernement.)

Environ 1 200 personnes prirent part à cette expédition, qui fut très mal organisée. Il y avait sans nul doute des personnes valables, dont beaucoup de Dominicains, mais un recrutement un peu trop précipité avait fait en sorte que l'on comptait aussi des délinquants, des éléments peu recommandables, bref, des membres ambigus.

C'est donc en tant qu'homme de troupe que j'ai rejoint l'expédition. Nous nous sommes entraînés pendant plusieurs mois à Cayo Confites[50]. J'ai reçu le grade de lieutenant et on m'a confié le commandement d'une section. Pour terminer, des événements se sont produits, causant des conflits entre le gouvernement civil et l'armée, à la suite de quoi l'armée a décidé d'annuler l'expédition. La situation étant dangereuse, il y a eu des désertions et j'ai reçu le commandement d'une compagnie dans l'un des bataillons expéditionnaires.

Nous sommes tout de même partis pour la République dominicaine. Cependant, vingt-quatre heures avant d'arriver, alors que nous étions encore dans la baie de Nipe, nous avons été interceptés et tout le monde a été arrêté. Tout le monde, sauf moi, parce que je me suis enfui par la mer. De plus, je m'étais fait un point d'honneur de ne pas me laisser arrêter. J'avais honte de voir que les membres de l'expédition se faisaient appréhender. Je me suis donc jeté à l'eau, j'ai nagé jusqu'à Cayo Saitía, et je me suis enfui.

Entre-temps, ayant passé les mois d'août, de septembre et d'octobre à m'entraîner en vue de l'expédition, et je n'ai pu me présenter aux examens. Cela signifiait que j'avais perdu mes droits en tant qu'étudiant officiel à l'université, à moins de m'inscrire à nouveau en troisième année. J'avais en profonde aversion les éternels étudiants qui ne se présentaient pas aux examens et qui restaient ainsi des leaders étudiants perpétuels. Je ne me suis donc pas inscrit officiellement, et j'ai plutôt choisi d'étudier tout seul les matières de troisième année. Il fallait que je réussisse ces cours, en plus de ceux de quatrième année. Bien que n'ayant aucun droit politique en tant que personnalité officielle, j'exerçais encore une grande influence sur les étudiants, à cause de mon statut d'opposant au régime de Grau. À un moment donné, sans l'avoir voulu, je suis devenu le point de convergence contre l'administration Grau. Cela se passait en 1948.

Le soutien aux mouvements anti-impérialistes

À la même époque, j'ai participé à la lutte pour Porto Rico, parce que j'avais été mis en contact avec Albizu Campos, sa famille, ainsi que d'autres chefs portoricains. J'étais devenu un activiste pour la cause de l'indépendance de Porto Rico. En somme, j'étais le président du comité pour la démocratie en République dominicaine et j'avais pris part à l'expédition (même si cela n'avait mené nulle part). J'avais aussi joué un rôle actif dans la lutte pour l'indépendance de Porto Rico, tout en participant aux activités politiques cubaines, qui consistaient principalement à critiquer et à protester contre la corruption du gouvernement.

Je soutenais, à ce moment-là, les causes qui touchaient l'Amérique latine, comme la restitution du canal de Panama à Panama. Il y avait à cette époque, beaucoup d'agitation parmi les étudiants panaméens; il y avait aussi au Venezuela, où la dictature avait été renversée et où Rómulo Gallegos venait d'être élu président. De plus, en Argentine, des conflits majeurs opposaient Juan Perón[51] et les États-Unis.

J'étais donc très actif dans ces mouvements et j'appuyais la fin du colonialisme en Amérique latine. Voici les principaux points qui m'ont permis d'établir des contacts – des contacts *tactiques* – avec les péronistes, qui non seulement étaient en lutte contre les États-Unis mais qui, en plus, réclamaient les Malouines – une colonie anglaise.

L'Organisation des États américains (OEA) allait tenir, en 1948, une conférence parrainée par les États-Unis, pour consolider la domination de ceux-ci en Amérique latine. Il m'a semblé qu'il serait approprié de tenir un congrès des étudiants «latinos» en même temps que la conférence de l'OEA, afin d'accorder notre appui aux principes anti-impérialistes et d'appuyer les luttes contre les dictatures en Amérique latine. Cela visait non seulement la République dominicaine, mais l'ensemble des pays latino-américains qui luttaient pour la démocratie.

C'est moi qui avais eu l'idée de ce congrès et j'ai commencé à établir des contacts avec les étudiants panaméens – qui se montraient très actifs dans leur lutte pour récupérer leur canal – et avec les Vénézuéliens. J'étais au courant des situations qui prévalaient dans un certain nombre de pays. J'ai pensé que mon premier arrêt devait être au Venezuela, où une révolution venait d'avoir lieu et où les étudiants démontraient une attitude très révolutionnaire. Je me proposais ensuite d'aller en Colombie et au Panama. J'allais expliquer mon idée aux étudiants et leur demander de coopérer. Les Argentins ont décidé de collaborer au même moment et se sont engagés à mobiliser les étudiants de leur pays. Je possédais très peu d'argent – juste ce qu'il fallait pour acheter mes billets à destination du Venezuela.

Alape: Une délégation de péronistes est-elle venue à Cuba à cette époque?

Castro: J'avais établi le contact avec une délégation de jeunes péronistes qui se trouvaient à Cuba à ce moment-là. Nous avons coordonné nos efforts pour qu'ils travaillent à certains endroits et moi à d'autres. C'est de cette manière que les Latino-Américains de gauche ont organisé les congrès des étudiants d'Amérique latine. J'ai agi en tant que représentant des étudiants cubains, malgré le fait que je vivais certains conflits avec la direction officielle de la Fédération cubaine des étudiants universitaires (FEU), dont certains membres étaient en relation avec le gouvernement. Autrement dit, je n'étais pas le représentant officiel de la FEU, mais je représentais la vaste majorité des étudiants qui m'appuyaient et me considéraient comme leur chef, même si je n'étais pas un représentant officiel de la FEU à ce moment-là.

L'organisation des étudiants d'Amérique latine

C'est ainsi que je suis parti pour le Venezuela. Quand j'ai fait escale en République dominicaine, j'ai posé un geste stupide: je suis descendu de l'appareil. J'ai craint que l'on m'ait reconnu et j'ai commencé à parler avec des personnes dans l'aéroport dominicain. J'ai eu de la chance, car l'arrêt fut bref. Je suis remontré dans l'avion sans qu'il me soit rien arrivé.

L'atmosphère au Venezuela était survoltée. Je me suis rendu aux bureaux du journal gouvernemental – celui que publiait le parti au pouvoir. J'ai établi des contacts avec les étudiants vénézuéliens. Je leur ai parlé de mon idée de congrès, et ils l'ont approuvée.

J'ai rencontré des étudiants de l'Université centrale qui, à cette époque, étaient membres de l'Action démocratique. Je leur ai demandé d'appuyer l'organisation du congrès et je les ai invités à y participer. Les étudiants vénézuéliens ont aimé l'idée et ont décidé d'y envoyer une délégation. J'ai demandé une entrevue avec Rómulo Gallegos, qui venait d'être élu président du Venezuela, pour lui présenter mes idées. Je suis allé à La Guaira pour le rencontrer et je lui ai demandé son appui.

Alape: Pourquoi vouliez-vous parler à Rómulo Gallegos?

Castro: Parce qu'il avait beaucoup de prestige. C'était à la fois une personnalité politique et littéraire. La révolution vénézuélienne avait eu un grand impact sur Cuba et avait gagné nombre d'appuis. De plus, la vaste majorité des étudiants appartenaient au parti de Rómulo Gallegos. L'intérêt que je lui portais et que je voulais lui démontrer venait du fait qu'il était le chef d'un pays qui avait vécu une révolution démocratique et qu'il était une personnalité prestigieuse sur le plan international. Je lui ai réitéré ma demande d'appui au nom des étudiants vénézuéliens pour le congrès qui devait se tenir. Cet appui m'était déjà acquis, mais j'ai agi par courtoisie, me servant de ce prétexte pour faire sa connaissance et lui expliquer nos intentions.

Par la suite, fort de l'appui des étudiants vénézuéliens révolutionnaires, j'ai pris un vol jusqu'au Panama et j'ai rencontré les chefs des organisations étudiantes de ce pays. Il y avait eu des coups de feu peu de temps auparavant pendant une manifestation contre l'occupation américaine du canal, et un étudiant panaméen avait été blessé et mutilé. Il est devenu un symbole pour tous ses pairs. J'ai pris contact avec lui et lui ai rendu visite. Les étudiants panaméens étaient très enthousiastes et tout à fait favorables au congrès. Ils ont décidé d'envoyer une délégation à

Bogotá. Deux pays importants appuyaient maintenant notre congrès.

De Panama, j'ai pris un vol pour Bogotá. Il me restait tout juste assez d'argent pour prendre ma chambre d'hôtel; je ne savais pas ce que j'allais faire après. Je suis donc allé dans un petit hôtel qui n'avait qu'un ou deux étages, mais qui était très agréable. À cette époque, tout était bon marché, et si on avait des dollars en poche – et j'en avais un peu –, le taux de change était excellent. La nourriture et la chambre d'hôtel ne coûtaient pas très cher. Après m'être inscrit, j'ai pris contact avec les étudiants. La grande majorité de ceux-ci étaient des libéraux de gauche. Gaitán (le chef du Parti libéral) avait beaucoup de prestige et d'influence à l'université.

Alape: L'enquête officielle sur l'insurrection du 9 avril mentionne un complot communiste. Il y a même un document, publié en Colombie et soi-disant écrit par Blas Roca[52], qui donne des instructions aux communistes colombiens. Chaque année, lorsque des articles sont publiés aux alentours de cette date, des documents apparaissent disant que vous étiez un instrument du communisme international. Étiez-vous communiste, à cette époque?

Castro: J'avais déjà lu des écrits communistes. J'avais étudié l'économie politique, par exemple, et j'avais certaines notions de théorie politique. J'étais très attiré par l'idée fondamentale du marxisme et j'avais acquis une conscience socialiste grâce à mes études universitaires. À cette époque, il n'y avait que très peu d'étudiants marxistes à l'Université de La Havane. J'avais des relations amicales avec eux, mais je n'étais pas membre des Jeunesses communistes ni du Parti. À cette époque, mes activités n'avaient rien à voir avec le Parti communiste. J'avais conscience de ce qu'était l'impérialisme. J'avais des rapports amicaux avec plusieurs jeunes communistes, de bons activistes très stoïques. Je les aimais et les admirais. Mais ni le Parti communiste cubain, ni les Jeunesses communistes n'ont eu quoi que ce soit à voir avec l'organisation du congrès de Bogotá. C'était l'époque où j'étais en train d'acquérir une conscience révolutionnaire. Je faisais preuve d'initiative. J'étais actif, tout en étant un lutteur indépendant.

Alape: Quels sont les premiers contacts que vous avez établis?

Castro: Partout où j'allais, la première chose que je faisais était de me mettre en contact avec la classe étudiante. Je cherchais les dirigeants étudiants, je les rencontrais et leur présentais mon idée de congrès. Ils étaient tous d'accord. Les étudiants vénézuéliens, panaméens et colombiens ont aimé cette idée; ils l'ont accueillie avec enthousiasme et se sont tous mis en contact avec d'autres organisations du genre en Amérique latine. Nous avons établi des liens et les Argentins en ont établi d'autres. Je ne dirais pas que tous les étudiants étaient représentés, parce qu'aucun congrès d'étudiants latino-américains n'avait eu lieu jusque-là. Cependant, le groupe s'est révélé très représentatif. Nous avons pensé que les étudiants devaient s'organiser et prendre une part active dans la lutte pour la cause anti-impérialiste. J'ai pensé qu'il devrait y avoir une organisation et j'ai eu l'idée d'en créer une qui soit composée d'étudiants latino-américains. J'ai pris les mesures qui s'imposaient et le congrès a été mis sur pied.

Alape: Avez-vous communiqué avec les étudiants guatémaltèques, qui représentaient un phénomène politique très intéressant à cette époque?

Castro: Je ne me souviens pas de tous les détails, mais même si le congrès a été organisé en un temps record, il y avait des représentants de nombreuses forces de gauche progressistes d'Amérique latine.

Il s'est produit une chose assez curieuse: j'étais l'organisateur du congrès et tout le monde avait accepté le rôle que j'y jouais. Toutefois, quand les chefs officiels de la FEU ont vu que le congrès allait devenir réalité, ils ont voulu y prendre part officiellement et y déléguer des représentants, dont Alfredo Guevara, qui était alors le secrétaire de l'organisation, et Enrique Ovares, le président de la FEU. Lorsqu'ils sont arrivés, la question de la représentation cubaine a été soulevée dès la première réunion: pouvais-je, oui ou non, représenter les étudiants universitaires cubains. Ce point a été discuté en séance plénière. J'ai parlé avec véhémence, j'ai expliqué tout ce que j'avais fait, comment je m'y étais pris et pourquoi. J'ai reçu l'appui unanime de tous les étudiants à la suite de mon exposé des faits, qui avait été assez passionné, comme on pouvait s'y attendre de la part d'une personne de mon âge. En fait, j'ai présidé cette réunion. Dans mon discours, j'ai souligné que je n'y avais aucun intérêt personnel, que je ne recherchais pas de gloriole, et que mon seul et unique intérêt était le congrès lui-même. J'ai dit que j'étais prêt à abandonner tout l'honneur et toute la gloire qui pourraient en découler et que tout ce que je désirais, au fond, c'était de poursuivre la lutte et de m'assurer de la tenue de l'événement. Les étudiants ont applaudi et ont appuyé la proposition pour que je puisse continuer à être l'organisateur du congrès.

Mes impressions de Bogotá

Je pense que j'ai dû arriver cinq ou six jours avant l'insurrection du 9 avril. Je ne me souviens pas de tout ce que j'ai fait à Bogotá, mais je me rappelle très bien à quel point j'avais été impressionné par cette ville. C'était la première fois de ma vie que j'allais en Colombie, et Bogotá était très différente de tout ce que j'avais connu jusque-là. Environ la moitié des rues étaient des avenues et la première chose que j'ai dû faire, ce fut de comprendre que les rues allaient toutes dans une même direction et les avenues, dans une autre.

J'ai également été frappé par le nombre de personnes que l'on retrouvait dans les rues, spécialement dans la 7e Avenue, qui se trouvait à côté de mon hôtel. Je ne comprenais pas non plus –

pas plus qu'aujourd'hui, d'ailleurs – la raison pour laquelle autant de passants portaient des manteaux. Il faisait peut-être plus froid à l'époque que maintenant. La ville n'avait pas beaucoup évolué. Ce n'était pas une ville moderne; elle était même assez vieille. Il y avait beaucoup de cafés; il m'a semblé que c'était une habitude colombienne que d'aller dans les cafés pour consommer... du café, de la bière ou des boissons gazeuses, avec plein de gens en manteaux. Il se peut que cela ait été le résultat du chômage qui sévissait à l'échelle du pays mais, là encore, cela ne m'explique pas pourquoi il y avait autant de gens dans les rues à toute heure du jour et de la nuit.

La ville s'était préparée, tout naturellement, à la conférence de l'OEA, et une unité spéciale de police avait été mise sur pied pour gérer celle-ci. Les membres de cette police spéciale avaient reçu des uniformes tout neufs.

J'ai rapidement établi des contacts et j'ai convoqué les premières réunions pour organiser le congrès, qui devait se terminer par une assemblée qui aurait lieu dans un stade qui servait aux grands rassemblements – un stade ou une grande place, je ne me rappelle plus très bien.

Les étudiants ont tout de suite commencé à me parler de Gaitán, un homme politique de grand prestige, qui bénéficiait de l'appui de la majorité de la population. Il ne faisait aucun doute qu'il était considéré comme le vainqueur des prochaines élections en Colombie. La vaste majorité des étudiants appuyait Gaitán. Je n'ai pas eu de contact avec le Parti communiste colombien, bien que parmi les personnes que j'avais rencontrées à l'université, il y avait des communistes et des libéraux. Les libéraux et les membres des autres partis de gauche avaient été enthousiasmés par l'idée de ce congrès et travaillaient à son organisation. Les étudiants libéraux m'ont mis en contact avec Gaitán et m'ont emmené pour que je lui rende visite.

Alape: Cette rencontre a eu lieu le 7 avril, n'est-ce pas?

Castro: Sans doute. Nous sommes allés parler à Gaitán de notre idée et nous lui avons demandé son appui. Gaitán a été enthousiasmé par notre projet de congrès et a offert de nous aider. Il nous a parlé, s'est montré d'accord pour que le congrès se termine par un ralliement monstre et nous a promis qu'il ferait le discours de fermeture. Nous étions évidemment très satisfaits et très optimistes face à l'appui de Gaitán et à sa promesse de participer au congrès, parce que cela assurait le succès de cet événement. Il nous a demandé de revenir à son bureau – je crois qu'il se trouvait sur la 7e Avenue – deux jours plus tard, soit le 9 avril.

À cette occasion, il m'a transmis des documents politiques et m'a expliqué la situation qui prévalait en Colombie. Il m'a également remis un dépliant contenant son fameux discours connu sous le nom de « Prière pour la paix », qui était un modèle d'art oratoire.

Il y avait beaucoup d'agitation en Colombie, à cette époque. Pas une journée ne s'écoulait sans qu'il ne se produise entre 20 et 30 assassinats, sans que les grands titres des journaux n'annoncent que 30 fermiers avaient été assassinés à tel endroit et 25 autres un peu plus loin. Pendant mon séjour en Colombie, les journaux parlaient de ces assassinats politiques tous les jours. Ils expliquaient également le rôle joué par Gaitán, sa lutte pour trouver une solution à toute cette violence. La marche du silence qu'il avait organisée avait débouché sur une manifestation impressionnante avec des dizaines, voire des centaines de milliers de personnes qui ont marché dans le silence le plus complet. À la fin de cette marche, il avait prononcé son célèbre discours, sa « Prière pour la paix ». Je me suis immédiatement mis à la tâche de lire tous les documents qu'il m'avait remis et à essayer d'assimiler le portrait de la situation en Colombie.

Un procès très célèbre avait lieu à ce moment-là: celui du lieutenant Cortés. Je pense qu'une altercation entre ce militaire et un journaliste s'était soldée par la mort de ce dernier. Le procès tirait à sa fin. Je connaissais le rôle joué par Gaitán en tant que personnage politique et ses idées grâce aux rencontres que j'avais eues avec les étudiants. Il avait également la réputation d'être un excellent avocat et j'ai été invité à assister à la dernière session du procès, dans lequel Gaitán assurait la défense du lieutenant Cortés. J'y suis donc allé. Le procès était radiodiffusé et pratiquement tout le monde, y compris les soldats dans leurs casernes, écoutait le plaidoyer de Gaitán. Ce procès était devenu un problème politique important. Étant étudiant en droit, j'ai entendu sa plaidoirie avec grand intérêt, et je me rappelle de quelques bribes de celle-ci, comme lorsqu'il a parlé de la trajectoire de la balle et qu'il a mentionné certains traités d'anatomie, y compris des traités français, bien connus à la Faculté de médecine. J'ai été enthousiasmé par cette affaire, par la déposition et par la brillante conclusion de la défense.

C'est ainsi que lors de mon séjour en Colombie, mis à part la violence et les massacres qui s'y produisaient, un procès avait lieu et était en train de devenir un événement très important sur le plan politique. Les militaires dans leurs casernes et les policiers dans leurs commissariats avaient écouté la récapitulation de Gaitán avec beaucoup d'intérêt; les forces armées et même l'opinion publique, étaient favorables au lieutenant Cortés. Gaitán était une personnalité très en vue et très populaire à cette époque.

Alape: Un groupe de militaires avait réuni une somme d'argent qu'ils désiraient offrir à Gaitán pour la défense de Cortés. Quelle a été votre opinion sur Gaitán lors de la réunion que vous avez eue au sujet du congrès et, plus tard, en tant qu'avocat?

Castro: Gaitán m'a fait une impression très favorable. En tout premier lieu, j'ai été influencé par l'opinion de la majorité des personnes à qui j'ai parlé, ainsi que par l'admiration exprimée par les étudiants que j'avais rencontrés. Puis, j'ai eu une conversation avec lui. Il m'a semblé qu'il avait des ascendances amérindiennes. C'était un être très intelligent et très sage. J'avais en mains les textes de ses discours, spécialement celui que j'ai préalablement mentionné et qui s'intitulait «Prière pour la paix», un modèle du genre, prononcé par un virtuose, un orateur éloquent, un vrai maître du langage. Il m'a beaucoup impressionné, parce que j'ai bien vu qu'il était celui qui avait la position la plus avant-gardiste face au gouvernement conservateur, sans parler de ses talents d'avocat, de plaideur, de politicien.

Toutes ces choses réunies m'ont fait une excellente impression. J'ai également apprécié l'intérêt qu'il manifestait face au congrès et la facilité, la bonne volonté et la générosité avec lesquelles il nous a appuyés. Il avait promis de nous aider et de se présenter à notre ralliement de clôture du congrès, ce qui devait démontrer de façon indéniable qu'il endossait nos idées et s'opposait à l'immense farce qu'était le congrès de l'OEA. Tous ces facteurs ont contribué au fait que je me suis lié d'amitié avec lui. J'avais également constaté que la vaste majorité de la population l'appuyait.

Arrestation à Bogotá

Il s'est produit autre chose pendant mon séjour à Bogotá, alors que j'étais occupé à rencontrer des étudiants, à organiser le congrès et à parler à Gaitán. Une soirée de gala s'est tenue dans un des théâtres de la ville. Le nom de cet endroit ne me revient pas, mais il s'agissait d'un beau théâtre, dans le plus pur style classique. Je pense que cette soirée de gala avait un rapport avec les délégations qui prenaient part à la conférence de l'OEA. Nous étions jeunes et encore immatures. Nous avions fait imprimer des tracts qui reprenaient les thèmes de notre congrès: la lutte pour la démocratie en République dominicaine, le combat pour l'indépendance de Porto Rico, le restitution du canal de Panama à Panama, la fin du colonialisme en Amérique latine, le retour des Malouines à l'Argentine et la lutte pour la démocratie. Nous avons donc emporté ces tracts jusqu'au théâtre et les avons distribués. Techniquement parlant, il se peut que nous ayons contrevenu à la loi. C'est possible, mais nous ne l'avons pas fait dans cette intention: nous voulions seulement faire connaître notre congrès. Un peu plus tard, nous avons été arrêtés. Il paraît que peu de temps après mon arrivée en Colombie, la police secrète a appris que des étudiants allaient organiser un congrès et qu'elle avait été mise au courant de nos activités. Distribuer des tracts au théâtre nous paraissait tout à fait normal, étant donné que c'était chose courante à Cuba, mais, à la suite de tout cela, la police nous a arrêtés. Je ne me rappelle plus exactement où j'étais lorsqu'ils m'ont arrêté, mais je pense bien que cela s'est passé à l'hôtel.

Alape: Le rapport de police précise que vous avez été arrêtés au théâtre et qu'ensuite ils vous ont emmenés au bureau de l'Immigration.

Castro: Vous devez avoir raison. Le fait est qu'ils nous ont cherchés, nous ont arrêtés et nous ont conduits dans un bureau sinistre. C'était dans une petite rue latérale, avec des allées sombres; ils nous ont emmenés là, avec tous les tracts. Mais je pense aussi qu'ils m'ont arrêté dans ma chambre d'hôtel... De toute manière, je continue à penser qu'ils ont fouillé ma chambre par la suite. Les rapports de police pourront éclaircir ces détails. Je sais qu'ils nous ont emmenés par des rues latérales, vers des bâtiments crasseux.

Alape: Qui a été arrêté?

Castro: J'ai été arrêté en compagnie d'un autre Cubain, et peut-être aussi d'un étudiant colombien. Je ne me souviens plus exactement. Ils nous ont emmenés dans cet immeuble plein de couloirs, nous ont fait asseoir et nous ont interrogés. Nous avons expliqué aux autorités qui nous étions et ce que nous faisions, sans doute mus par idéalisme et par l'ardeur de notre jeunesse. Nous avons absolument tout raconté au sujet du congrès des objectifs que nous visions au sujet de Porto Rico, du canal de Panama, de ce que représentait le tract, et nous leur avons expliqué ce qui nous avait poussés à organiser le congrès. Au cours de cet interrogatoire avec les détectives, nous avons eu beaucoup de chance. En fait, j'ai même eu l'impression que certains responsables aimaient ce que nous disions. Nous avons été assez convaincants. Il est possible qu'ils aient réalisé que nous étions loin d'être dangereux et que nous ne nous immiscions pas dans les affaires internes de leur pays. Après l'interrogatoire, ils ont ouvert un dossier et nous ont laissés partir. Il est possible qu'ils aient agi ainsi parce que ce que nous leur avions raconté correspondait à leur point de vue sur la question; je ne sais pas. Il se peut aussi que nous ayons couru un risque beaucoup plus grand que nous l'avions imaginé, mais nous n'en étions pas conscients à ce moment-là. Après l'interrogatoire, nous sommes retournés à l'hôtel et nous avons poursuivi nos activités.

Alape: Mais, ils vous ont suivis...

Castro: Ils nous ont probablement suivis, mais nous ne faisions absolument rien d'illégal. Nous nous contentions d'organiser un congrès d'étudiants et de communiquer avec une des personnalités les plus éminentes du pays. Ils ne devaient pas être en mesure d'imaginer la nature de ces activités. En fait, objectivement parlant, si nous mettions de côté les questions idéologiques et les buts poursuivis, nous ne représentions pas un grand danger pour le gouvernement colombien. Ce que nous faisions n'avait aucun rapport avec les problèmes internes de la Colombie. Nous défendions l'idée d'une certaine Amérique latine. La seule chose qui ait pu les déranger était peut-être le fait que rencontrions des étudiants et Gaitán. À part cela, nous avions distribué des tracts, ce qui en soit n'est pas un acte criminel dans quelque pays que ce soit, sauf dans ceux où l'on trouve un gouvernement répressif. Nous avions distribué nos tracts de façon très naïve, près du théâtre, sans désir aucun de causer quelque perturbation que ce soit. Nous nous opposions au gouvernement des États-Unis, et non à celui de la Colombie.

Nous avons poursuivi nos activités, même si nous étions suivis. J'imagine qu'une des fonctions du métier de détective est d'opérer des filatures. Je n'ai pas réalisé que j'étais suivi parce que je n'étais pas engagé dans une activité subversive contre la Colombie. Toutes mes énergies étaient dirigées vers l'organisation du congrès d'étudiants. Rien ne justifie que je réclame un mérite qui ne me revient pas ou que je me décrive comme étant un être subversif ou une personne importante. J'avais mes idées et mes objectifs, et j'étais occupé par l'idée de ce congrès et de l'organisation des étudiants latino-américains. Je n'avais rien contre la Colombie, même si j'étais horrifié par tous les massacres dont les journaux parlaient, et j'aimais bien Gaitán. Voilà donc les souvenirs que j'ai des jours qui ont précédé le 9 avril.

Alape: Avez-vous rencontré le syndicat local de la CTC?

Castro: Au début, nous avons participé à plusieurs activités: une rencontre avec les étudiants universitaires, une autre avec les délégués principaux de plusieurs endroits dans lesquels s'était posé le problème de la représentation et une autre encore avec les ouvriers. Les Colombiens ont accepté ces contacts et ont organisé les réunions, mais le tout était lié au congrès des étudiants. Il n'y avait rien d'autre. À la suite des événements sensationnels qui se sont produits, il est possible que j'aie oublié certains détails.

L'insurrection du 9 avril en Colombie

Alape: Le 11 avril, le gouvernement colombien a parlé de votre séjour à Bogotá et a dit que vous étiez près de l'endroit où est tombé Gaitán à une heure de l'après-midi. Cette déclaration est fondée sur un rapport fait par le policier qui vous suivait. L'accusation que le gouvernement a faite, disant que vous étiez relié à l'insurrection du 9 avril, est basée sur cette déclaration.

Castro: Nous devions rencontrer Gaitán entre 14 heures et 14 heures 15, pour poursuivre notre conversation concernant le congrès et peaufiner les détails du ralliement de masse auquel il devait participer, et qui devait clore l'événement.

Ce jour-là, j'ai déjeuné à l'hôtel et j'ai tué le temps en attendant l'heure de mon rendez-vous avec Gaitán.

Quelques minutes après avoir quitté l'hôtel, les gens se sont mis à courir dans la rue comme des fous, dans toutes les directions. Ils avaient l'air désorienté, se mettaient à courir dans un sens, puis dans l'autre. Je puis vous assurer que personne n'a lancé l'insurrection du 9 avril, car j'ai vécu cet événement dès qu'il a commencé. J'ai vu qu'il y avait eu un soulèvement spontané; personne n'avait pu l'avoir organisé. Seuls les gens qui avaient planifié le meurtre de Gaitán pouvaient deviner ce qui allait arriver. Ces individus l'ont peut-être fait dans l'unique but d'éliminer un adversaire politique. Ils avaient pu imaginer la réaction explosive qui allait en découler, mais il se peut aussi qu'ils ne l'aient même pas imaginée.

Le fait est que dès que Gaitán a été assassiné, il s'est produit une formidable explosion populaire d'une nature totalement spontanée. L'insurrection du 9 avril a manqué totalement d'organisation. C'était cela, le nœud du problème: le manque total d'organisation.

Il était à peu près 13 heures 20 lorsque j'ai quitté l'hôtel pour marcher un peu jusqu'à ce qu'arrive l'heure de mon rendez-vous qui, on l'a vu, devait se dérouler une demi-heure à trois quarts d'heure plus tard. Je marchais vers le bureau de Gaitán lorsque j'ai vu des gens courir désespérément comme des fous dans toutes les directions en criant: «Ils ont tué Gaitán! Ils ont tué Gaitán! Ils ont tué Gaitán!» La population était en colère, indignée, et exprimait ainsi le tragique de la situation.

La raison de l'assassinat de Gaitán

Alape: Historiquement parlant, pourquoi pensez-vous que Gaitán a été tué?

Castro: Je ne peux faire aucune déclaration à ce sujet. Il se pourrait, par exemple, que la CIA l'ait fait. Les impérialistes peuvent s'en être pris à lui parce qu'il était partisan d'un mouvement progressiste, un mouvement du peuple qui leur déplaisait sûrement. C'est une théorie logique.

Des membres du régime oligarchique ont aussi pu avoir tuer Gaitán, et c'est sans doute l'explication la plus plausible. L'oligarchie colombienne était impliquée dans une lutte contre le peuple, une lutte de pouvoir, une lutte dans laquelle Gaitán était le candidat des forces démocratiques du pays; il était certain de remporter la victoire. On ne peut nier que Gaitán ait eu énormément de prestige auprès de la population. Il avait conquis ce prestige petit à petit, et il était très apprécié. De plus, il possédait un magnétisme certain; c'était un homme de gauche et un homme politique qui s'opposait à l'oligarchie.

La Colombie était pratiquement en guerre civile, à cette époque. Si vous feuilletez les journaux de ce temps-là, vous verrez qu'ils font état de 20, 30, 40, et même 70 morts par jour. J'ai été très surpris par tous ces massacres lorsque j'y étais. Gaitán avait réussi à unifier le Parti libéral et il était sûr d'être le candidat victorieux aux prochaines élections.

Un dément peut aussi avoir tué Gaitán; c'est possible. Qui que ce soit qui ait tué ce leader n'a pas été fait prisonnier, n'a pas été arrêté. Je pense que la foule l'a peut-être mis en charpie. Personne n'a jamais obtenu de confession de cet homme. Je pense que les autorités du Parti conservateur n'avaient aucun intérêt à éclaircir les choses, parce que le gouvernement conservateur avait intérêt à machiner ce meurtre. Qui était donc cet homme? À quel parti ou à quel groupe appartenait-il?

Les États-Unis ont pu penser que Gaitán était un communiste bien que, sur le plan idéologique, il en ait été bien loin. Gaitán était apprécié. C'était un démocrate, un progressiste mais, avant tout, un grand chef pour son peuple.

Je suis certain que Gaitán aurait eu une grande influence sur la politique colombienne. Après sa mort, l'oligarchie continua d'exister dans ce pays. C'est encore elle qui est au pouvoir. Je pense que Gaitán était un révolutionnaire. Ce n'était pas un communiste révolutionnaire, mais un révolutionnaire tout de même.

Une insurrection spontanée

Après avoir marché deux pâtés de maison, je suis arrivé à un petit parc dans lequel des individus se livraient à toutes sortes d'actes de violence. Je n'étais pas loin du bureau de Gaitán. J'ai continué de marcher le long de la 7e Avenue, et j'ai vu que certaines personnes avaient commencé à cambrioler des bureaux. Je me souviens d'un incident: dans le parc, j'ai remarqué un homme qui tentait de casser une machine à écrire qu'il avait dû voler quelque part. Il était décidé à la briser, mais il n'arrivait pas à le faire à mains nues. Alors, je lui ai dit: «Passe-la-moi» et je l'ai aidé. J'ai pris la machine, je l'ai lancée en l'air et je l'ai laissée retomber par terre. Lorsque j'ai vu cet homme si désespéré et si furieux, je n'ai pas pensé à autre chose.

J'ai continué à marcher en direction du parc où se trouvait le Parlement, et où se tenait la conférence de l'OEA. J'ai vu des personnes en train de défoncer des vitrines de magasins et d'autres endroits. Cela a commencé à m'inquiéter, parce que j'avais déjà une idée très précise de ce qui devait et ne devait pas se produire pendant une révolution. J'ai commencé à voir des signes d'anarchie, là, sur la 7e Avenue. Je me suis demandé ce que faisaient les chefs du Parti libéral et si quelqu'un avait la situation en main.

Entre 13 heures 30 et 14 heures, j'ai atteint l'angle de la place où se dressait le Parlement. Sur un balcon, à gauche, il y avait un homme qui parlait. Quelques personnes s'y étaient rassemblées et manifestaient violemment leur colère, d'une manière tout à fait spontanée. Plusieurs douzaines de personnes indignées se trouvaient dans le parc, poussant des cris furieux. Elles ont commencé à casser les lampes du parc en lançant des pierres et il fallait s'assurer qu'une des pierres ne nous atteigne pas à la place d'un des lampadaires.

Il y avait une rangée de policiers bien habillés, très chics et très bien organisés. Dès que les dizaines, voire les centaines de personnes qui faisaient de la casse dans le parc se sont rapprochées de l'entrée, le cordon policier s'est rompu d'un coup, comme si les policiers étaient soudain totalement démoralisés. Puis tout le monde est entré dans le palais.

J'étais au milieu du parc, des pierres volaient dans toutes les directions. Les gens sont entrés dans l'immeuble du Parlement, qui devait avoir trois ou quatre étages. Je ne les ai pas suivis; je suis resté à l'extérieur à observer cette invasion, cette véritable éruption de personnes qui se sont répandues dans les étages et ont commencé à jeter par les fenêtres des étages supérieurs des chaises, des bureaux et tout ce qui leur tombait sous la main. Il y avait une avalanche de meubles. Pendant ce temps-là, un homme essayait de faire un discours depuis son balcon, sur le coin, près du parc, mais personne ne faisait attention à lui. C'était une scène incroyable.

J'ai décidé d'aller voir deux Cubains qui ne vivaient pas à l'hôtel: Enrique Ovares et Alfredo Guevara. Ce dernier était un de mes camarades et vivait dans une pension pas très loin d'où j'étais. J'y suis allé pour savoir ce qu'ils pensaient de la situation et pour leur raconter ce que j'avais vu. Lorsque je suis arrivé à la pension, nous avons parlé pendant quelques minutes et nous avons vu comme une énorme procession de personnes – une rivière humaine qui arrivait d'une rue qui était plus ou moins parallèle à la 7e Avenue. Ces gens avaient des armes; certains brandissaient des fusils et d'autres, des morceaux de bois ou des barres de fer. Ils étaient tous armés. Cette foule était immense, des milliers de personnes avançaient le long de cette rue; on aurait dit une procession qui envahissait cette voie longue et étroite.

Je ne savais pas où se dirigeait la foule. Plusieurs ont dit qu'ils allaient en direction des quartiers généraux de la police; alors, je me suis joint à eux. Je suis arrivé au premier rang de celle-ci et nous nous sommes dirigés vers les quartiers généraux de la police divisionnaire. J'ai réalisé que c'était une révolution et j'ai décidé d'y adhérer en qualité de recrue. Je savais, naturellement, que le peuple était opprimé et qu'il avait raison de s'insurger; je savais aussi que la mort de Gaitán était un crime abominable. J'ai donc pris parti. Jusqu'à ce moment, jusqu'à ce que je voie la foule arriver, après avoir rendu visite aux deux Cubains, je n'avais encore rien fait. Mais, lorsque j'ai vu la marée humaine en rébellion, j'ai décidé d'agir.

Lorsque nous sommes arrivés aux quartiers généraux de la troisième division de la police, les policiers étaient à l'étage supérieur, leurs fusils braqués sur nous. Personne ne savait ce qui allait arriver. La foule a atteint la porte d'entrée que la police avait gardée dégagée, mais personne n'a tiré.

La foule s'est infiltrée partout comme une rivière en crue et s'est emparée des armes et d'autres objets. Quelques policiers s'étaient joints à la foule et l'on pouvait voir des uniformes au milieu de la multitude. Les quartiers généraux étaient construits autour d'un patio central. La façade de l'immeuble comportait deux étages.

Je ne sais quelle quantité d'armes il pouvait y avoir. Celles qui étaient disponibles avaient été enlevées aux policiers, bien que quelques-uns uns d'entre eux aient gardé les leurs et se soient mêlés à la foule. Je suis entré dans le dépôt d'armes, mais je n'ai pas vu de carabines. Il n'y avait que quelques fusils, avec de gros projectiles à gaz lacrymogène. La seule chose dont j'ai pu m'emparer a été l'un de ces fusils. J'ai commencé à remplir une ceinture de ces projectiles, environ 20 ou 30, et je me suis dit: «Je n'ai pas de fusil, mais, au moins, j'ai quelque chose avec laquelle je peux tirer; une pétoire avec une grosse culasse...» Ensuite, je me suis dit: «Oui, mais je suis en complet veston et je porte des chaussures de ville. Je ne suis pas habillé pour faire la guerre.» J'ai trouvé une casquette avec une visière et l'ai mise sur ma tête, mais je portais encore mes souliers de ville qui ne valaient rien pour se battre. De plus, je n'étais pas satisfait de mon arme. Je suis allé sur la place qui était bondée de gens qui couraient de tous les côtés – un mélange de civils et de policiers en uniforme qui montaient et descendaient les escaliers, quelques policiers s'étaient laissé désarmer et d'autres, qui avaient conservé leur arme, avaient rejoint la foule.

Je suis monté au deuxième étage et je suis entré dans une pièce qui était celle des officiers de police. Je cherchais quelque chose à me mettre et essayais de voir si des armes s'y trouvaient. J'ai enfilé des bottes, mais la pointure n'était pas la bonne. Un officier est entré – et je n'oublierai jamais – au milieu de ce chaos, il m'a dit: «Pas mes bottes, bon Dieu! Pas mes bottes!» Comme les bottes ne m'allaient pas, je lui ai répondu: «O.K., m'sieur, vous pouvez les garder...»

Je suis redescendu pour me joindre à une escouade ou à quelque chose qui lui ressemblait, et j'ai vu un officier de police qui était en train d'en former une. Je n'avais pas la prétention d'être le chef de quoi que ce soit. Je n'étais qu'une simple recrue. Je me suis donc mis dans les rangs avec mon fusil à gaz lacrymogène et mes balles. L'officier, qui avait une carabine, a regardé ce que je portais et a dit: «Que faites-vous avec ce truc?» Je lui ai répondu: «C'est la seule chose que j'ai pu trouver», et alors il m'a demandé de lui remettre ma pétoire. Il n'avait pas l'air de vouloir se battre, même s'il était en train d'organiser une sorte de brigade. Il m'a donné sa carabine et environ 14 balles. Bien entendu, lorsqu'il m'a tendu celle-ci, beaucoup de personnes ont essayé de s'en emparer et j'ai dû me battre durement pour la conserver, ainsi que ses 14 balles.

J'avais donc une carabine, mais il n'y avait aucune organisation. De la même façon que la foule était entrée en force, elle ressortait des lieux, ne sachant où aller. Quelques personnes ont crié que nous devions aller au palais, et je me suis joint à elles. Nous nous dirigions quelque part, mais personne ne savait où au juste. Le plus grand désordre régnait; il n'y avait ni discipline ni organisation.

Notre situation était précaire, car seulement deux d'entre nous, parmi la douzaine de citoyens (14 au plus), possédaient des armes. La foule s'était égaillée dans plusieurs directions, lorsque nous avons entendu une voiture surmontée d'un haut-parleur annoncer que la radio d'État était en train de se faire attaquer; nous avons alors décidé d'y aller. Personne ne savait exactement où la station se trouvait, mais nous voulions aller aider les étudiants. Nous avons emprunté la 7e Avenue, et nous nous sommes dirigés vers l'Hermitage Monserrate.

Sur l'avenue, la foule s'en prenait pratiquement à tout – magasins et autres immeubles –, et elle commençait également à piller. Il y en avait plusieurs qui buvaient; ils arrivaient avec des bouteilles de rhum ambré colombien et nous interpellaient: «Hé! vous là-bas, venez vous rincer le gosier!» Imaginez la scène: j'étais là avec ma carabine, un autre homme avec la sienne, et les quelque 12 autres sans arme. Nous marchions le long de cette avenue. Il y avait beaucoup de confusion. Personne ne savait ce qui se passait. Une partie importante de la police s'était rebellée et quelques personnes disaient que quelques bataillons de l'armée s'étaient également soulevés. À ce moment-là, personne ne savait quelle position avaient pris les militaires. Il est certain que Gaitán avait des supporters dans l'armée. La confusion régnait. Nous devions continuer d'avancer et trouver des personnes à qui nous pourrions demander notre chemin pour nous rendre à la radio d'État.

Beaucoup de bureaux et d'autres endroits étaient en flammes. Nous sommes finalement parvenus à un endroit; j'ai su plus tard qu'il s'agissait du ministère de la Guerre. Je me souviens qu'il y avait un parc à gauche et un autre à droite. Lorsque nous y sommes arrivés, nous avons vu un bataillon qui venait vers nous, dans la direction sud. Les soldats portaient des casques qui ressemblaient à ceux de la Wermacht; c'était le genre de casque allemand qu'ils portaient à cette époque. Ils avaient des fusils. Un bataillon entier et des tanks avançaient. Toutefois, nous ne savions toujours pas quel parti l'armée avait pris. Nous avons donc pris la précaution de nous éloigner de vingt mètres et de nous cacher derrière des bancs, attendant de voir si les soldats étaient nos amis ou nos ennemis. N'oubliez pas que nous n'étions qu'une douzaine et que nous n'avions que deux fusils. Ils n'ont pas fait attention à nous et ont continué d'avancer plus loin dans la rue.

Nous avons traversé la rue et sommes entrés dans le parc qui se trouvait en face du ministère de la Guerre. Il y avait une porte et quelques barreaux. J'étais imprégné de ferveur révolutionnaire; j'essayais d'attirer le plus grand nombre possible de personnes pour qu'ils se joignent au mouvement. Je suis donc monté sur un banc et j'ai commencé à haranguer les militaires qui se trouvaient dans le parc, essayant de les convaincre de participer à la révolution. Tout le monde m'a entendu, mais personne n'a fait quoi que ce soit. J'étais donc seul, debout sur ce banc, le fusil à la main, en train de sermonner des hommes de troupe. Quand j'ai pu terminer, j'ai continué mon chemin, parce que les étudiants s'en allaient.

Un autobus avait été pris d'assaut par des étudiants qui se trouvaient de l'autre côté du parc, et j'ai réalisé que ce véhicule allait m'emmener à la station de radio d'État. Donc, après avoir fini mon discours, j'ai couru en direction de l'autobus pour l'attraper. Le camarade armé qui était avec moi est tombé et je ne l'ai plus revu. Je suis monté dans le bus avec mon fusil et les étudiants qui allaient aider leurs semblables au poste de radio nationale. Je ne sais combien de coins de rue l'autobus a parcouru – peut-être huit ou dix. Et, au milieu de tout cela, j'ai perdu mon portefeuille. Il n'y avait que quelques pesos dedans, étant donné que je n'avais pratiquement pas d'argent, mais quelqu'un me l'avait volé.

Nous avons continué notre route vers la radio et nous nous sommes arrêtés à un coin. Nous sommes descendus. C'était une avenue, une sorte de boulevard, et la radio était en face. Nous n'avions plus qu'un fusil – le mien – pour aider les étudiants qui étaient dans les studios. À notre arrivée, une importante fusillade a débuté. À peine étions-nous là qu'ils ont commencé à tirer vers nous avec je ne sais trop combien de fusils. Nous avons réussi à nous mettre à l'abri derrière un banc et, miraculeusement, ils ne nous ont pas tous touchés. Nous avons réussi à retourner au coin de la rue et nous avons suivi un groupe d'hommes dont un avait un fusil, alors que les dix ou douze autres n'en n'avaient pas.

Nous ne pouvions rien faire pour libérer les étudiants pris au piège dans les locaux de la radio. Nous avons donc décidé de nous rendre à l'université pour voir s'il y avait là quelque chose d'organisé, si les étudiants avaient mis au point un poste de commandement et établi une direction.

Lorsque nous sommes arrivés à l'université, rien n'avait été organisé. Des rapports arrivaient, qui expliquaient ce qui se passait. Il y avait beaucoup de monde, mais personne n'était armé. Un commissariat de police se trouvait non loin de là et nous avons décidé de l'attaquer pour nous emparer d'armes supplémentaires. J'étais encore le seul à posséder un fusil et il était évident que je devais m'emparer de ce lieu à moi tout seul. Il y avait une foule d'étudiants. Je me suis donc dirigé tout droit vers le commissariat.

C'était une manœuvre suicidaire mais, en y arrivant, nous avons réalisé notre chance: quelqu'un s'en était déjà emparé. Les policiers s'étaient insurgés et quand nous nous sommes montrés, ils nous ont accueillis à bras ouverts. La police et la population avaient commencé à fraterniser.

Je me suis présenté au commissaire, qui était le chef de tous les policiers qui s'étaient rebellés. Je lui ai tout de suite mentionné que j'étais un étudiant cubain et lui ai précisé que j'étais venu participer à un congrès. Je lui ai tout expliqué brièvement et il a fait de moi son aide de camp. C'était un homme assez grand, qui avait un grade de commandant ou de colonel.

Il a décidé de se rendre aux locaux du Parti libéral. Je suis monté dans une jeep avec lui et nous sommes allés aux quartiers généraux du Parti. J'en étais bien heureux, parce que tout ce chaos et toute cette désorganisation m'inquiétaient quelque peu. Je ne voyais aucune direction, aucune organisation, et j'ai donc été content de constater que le commissaire était en contact avec le Parti libéral. Je pensais que tout allait commencer à s'organiser.

Lorsque nous sommes arrivés, nous avons monté les escaliers. Je suis allé avec lui jusqu'à une porte. Ensuite, il est entré, mais je suis resté à l'extérieur. Il a parlementé avec les dirigeants du Parti libéral. Je ne sais pas qui ils étaient. Puis, nous sommes retournés à la jeep et nous avons repris le chemin du commissariat, qui se trouvait à côté de l'université. Il y avait deux jeeps, à ce moment-là.

L'homme est resté pendant un certain temps au commissariat où les policiers s'étaient insurgés. Comme il commençait à faire sombre, il a ensuite décidé de retourner aux quartiers généraux du Parti libéral. Nous y sommes allés à deux jeeps, lui dans la première et moi dans la seconde. Pendant le trajet, comme cela avait été le cas lors du déplacement précédent, beaucoup de monde nous accompagnait, puisqu'un groupe d'étudiants sans armes était demeuré avec moi. Cette fois, je suis resté dans la jeep d'escorte à l'extérieur des locaux du Parti, assis à l'avant, à la place du passager.

Un événement étrange s'est produit peu de temps après et j'ai posé un geste parfaitement suicidaire. Il faisait déjà sombre et la première jeep, celle où était le commissaire de police, a eu des ennuis de moteur et s'est arrêtée. Le chauffeur n'a jamais pu la faire redémarrer. Le commissaire et les autres passagers de la jeep sont sortis de la voiture. J'étais dégoûté. Je suis alors descendu de ma jeep et je leur ai dit: «Vous êtes tous des irresponsables.» J'ai donné ma place au commissaire et je suis resté planté au milieu de la rue, avec deux ou trois autres étudiants. J'étais sur le trottoir, debout près d'un grand mur, sans aucun autre contact. J'étais dans une rue près du ministère de la Guerre, comme je l'ai appris par la suite. C'était la deuxième fois que je trouvais ce ministère sur ma route.

Quelques secondes plus tard, une petite porte dérobée s'est ouverte dans le mur et j'ai aperçu la casquette d'un policier, ainsi que trois ou quatre hommes avec des fusils, baïonnette au canon. J'ai dit aux étudiants: «Ce sont des ennemis, partons.» Profitant de l'obscurité relative, nous avons traversé la rue. Je n'en étais pas certain, mais je soupçonnais qu'il s'agissait d'ennemis lorsque la petite porte s'est ouverte. Ils n'ont pas tiré.

Nous avons marché dans la rue et j'ai vu un homme portant une mitraillette. Je ne pouvais pas dire s'il s'agissait d'un ami ou d'un ennemi; je me suis donc approché de lui et lui ai demandé qui il était. Il m'a répondu: «Je suis de la cinquième division de la police, celle qui s'est insurgée.» J'avais donc trouvé un allié.

C'est alors que j'ai décidé d'aller au quartier général de la cinquième division et de me joindre à eux, puisque j'avais perdu tout contact avec le commissaire de police. Il faisait nuit, à ce moment-là. Tout ce que je viens de vous décrire s'est déroulé entre 13 heures 30 et 18 heures 30.

Je suis entré dans le quartier général de la cinquième division et, comme je le faisais partout où j'allais, j'ai mis cartes sur table: «Je suis un étudiant cubain qui participe à un congrès.» Partout où je me présentais, j'étais immédiatement le bienvenu. Je suis donc entré. Je n'avais pas un sou en poche, pas même pour m'acheter une tasse de café. Il y avait beaucoup de policiers qui s'étaient insurgés et quelques civils – environ 400 hommes armés. Tout ce beau monde était en train de s'organiser.

Alape: Avez-vous rencontré Tito Orozco, le commandant de cette division?

Castro: Oui, c'était lui qui assumait le rôle de chef. Il y avait un grand patio au centre, où les gens étaient en train de discuter. Dès que je suis arrivé, je me suis placé dans les rangs et je suis resté avec les autres en attendant les ordres. Ils faisaient des inspections plutôt que de mettre au point des escouades. Ils essayaient de voir de combien d'hommes ils disposaient. Ils nous ont assignés différents endroits pour assurer la défense du quartier général. On m'a dit d'aller au deuxième étage où il y avait un dortoir. Aidé de quelques policiers, je devais défendre cette partie du bâtiment. De temps en temps – toutes les demi-heures, trois quarts d'heure, plus ou moins –, ils faisaient une inspection dans le patio et, après cela, tout le monde retournait à son poste. Le désordre continuait de régner et personne ne savait ce qui se passait. La confusion a duré jusqu'au lendemain.

Pendant ce temps-là, que se passait-il dans les rues? Il y avait beaucoup de monde. On aurait dit des fourmis portant des charges. Des personnes transportaient des réfrigérateurs sur leur dos, et même des pianos! Malheureusement, à cause du manque d'organisation, du manque d'entraînement, de la situation d'extrême pauvreté et d'autres facteurs, beaucoup de gens prenaient le large avec tout ce qui leur tomberait sous la main. Il y avait du pillage. Je me suis inquiété lorsque j'ai vu qu'au lieu de chercher une solution politique à la situation, tant de contestataires privés de directives en profitaient pour voler...

Alape: C'était dans un quartier ouvrier, dans le quartier qui avait le plus appuyé Gaitán à cette époque...

Castro: Beaucoup de pauvres et d'opprimés ont pillé lorsqu'ils ont vu que les portes des magasins étaient ouvertes. C'est un fait historique et objectif que l'on ne peut réfuter.

J'ai réalisé que nous avions une importante force armée de 400 ou 500 hommes qui se terraient de façon défensive et j'ai demandé de parler au responsable du commissariat. Il y avait plusieurs officiers. Je leur ai résumé la situation en ces mots: «L'histoire montre qu'une force armée qui se cantonne à l'intérieur des casernes est une force perdue.» En ce qui concerne la lutte armée, l'expérience cubaine avait en effet démontré que les troupes que l'on garde à l'intérieur des casernes ne servent à rien. J'ai suggéré d'envoyer les troupes dans les rues et de leur assigner des missions d'attaque, de leur dire de s'emparer des établissements gouvernementaux. Je leur ai expliqué mes raisons et j'ai insisté pour qu'ils envoient leurs troupes au combat. C'étaient des gens solides et tout à fait capables de prendre des décisions, mais aussi longtemps qu'ils gardaient leurs troupes à l'intérieur, celles-ci n'étaient d'aucune utilité. Je leur ai exposé mon point de vue avec fermeté. Leur chef a été assez gentil pour m'écouter, mais il n'a pas pris de décision. Je suis donc retourné à mon poste.

Je leur ai probablement réitéré plusieurs fois ma demande d'envoyer leurs troupes à l'extérieur pour s'emparer du palais et d'autres établissements. Mes connaissances militaires s'étaient développées au cours de mes études des mouvements insurrectionnels, notamment ceux qui se sont produits pendant la Révolution française, comme la prise de la Bastille et la mobilisation des personnes vivant dans les environs, et j'avais aussi vécu l'expérience des événements qui s'étaient produits à Cuba. Je voyais très clairement que ce qu'ils faisaient était de la folie. Que s'était-il passé? L'armée, de toute évidence, avait pris le parti du gouvernement. La police ne faisait qu'attendre l'attaque des forces armées.

Nous avons attendu toute la nuit que l'armée passe à l'action. Toutes les quinze minutes, quelqu'un criait: «Les voilà, ils viennent nous attaquer!» Et tout le monde prenait alors une position défensive, près des fenêtres. Quelques tanks sont passés, deux ou trois fois. Les hommes ont tiré dans leur direction et les tanks ont répliqué en pointant leurs mitrailleuses en direction de l'immeuble.

J'ai fait plusieurs autres tentatives infructueuses de convaincre l'officier en chef de laisser ses hommes sortir dans les rues.

Aux environs de minuit ou une heure du matin, un incident s'est produit dont je me souviens encore très bien. Les Libéraux avaient découvert un policier et l'avaient attaché. Puis, ils l'ont battu alors qu'il était par terre, à l'endroit même où je me trouvais. J'étais dégoûté. Ils l'ont traité de *godo* (supporter des Conservateurs) «C'est un *godo!* Il faisait partie de l'unité de police assignée à la conférence de l'OEA... Regardez ses chaussettes!» Il portait en effet des chaussettes et des vêtements qui avaient été remis à l'unité spéciale de la police qui travaillait pour la conférence. Ils l'ont insulté et ils l'ont battu à plusieurs reprises. Cela ne m'a pas plu du tout.

Pendant toute cette nuit, alors que nous nous attendions à être attaqués, j'ai pensé à Cuba, à ma famille et à tout le monde, et je me suis senti très seul. Je me trouvais là, avec mon fusil et mes quelques balles. Je me suis dit: «Mais que fais-je donc ici? J'ai perdu le contact avec tout le monde, avec les étudiants et avec le commissaire de police. Je suis dans une souricière; il y a quelque chose qui ne va vraiment pas. Nous avons tort de rester ici sans rien faire, à attendre d'être attaqués alors que nous devrions sortir avec toute l'unité pour prendre l'offensive et poser des gestes décisifs.» J'ai commencé à me demander si je ne devais pas partir. Cependant, j'ai décidé de rester. Il aurait été si simple de donner mon fusil à un des hommes qui n'en avait pas et de m'en aller!

J'ai été ensuite animé d'un sentiment d'internationalisme. Je me suis à penser: «Eh bien, ces gens sont comme les Cubains. Ils sont, comme dans bien des pays du monde, opprimés et exploités.» Je soliloquais: «Leur chef a été assassiné et cette insurrection est tout à fait justifiée. Il se peut que je meure, mais je resterai.» J'ai pris ma décision tout en sachant que nous allions au devant d'un désastre militaire, que cette population allait perdre, que j'étais seul, qu'il s'agissait de Colombiens et non de Cubains. J'en ai déduit que les hommes sont les mêmes partout, que leur cause était justifiée et que mon devoir était de rester. Je suis donc demeuré toute la nuit à attendre jusqu'à l'aube qu'une attaque ait lieu.

J'ai compris que nous étions perdus lorsque j'ai analysé la position que nous occupions d'un point de vue stratégique. Les quartiers militaires où nous nous trouvions étaient situés sur un terrain en pente. Derrière nous se trouvait une colline, avant celle de Monserrate. Je me suis à nouveau approché du commandant et lui ai dit que si l'ennemi attaquait la forteresse d'en haut, nous étions perdus. Je lui ai fait remarquer qu'il était impératif que nous contrôlions les collines en arrière de nous et lui ai demandé qu'il me confie une patrouille avec laquelle je pourrais garder ces hauteurs. Il m'a donné un escadron de sept ou huit hommes; c'est ainsi que je suis parti avec eux pour prendre position sur une élévation située entre les quartiers généraux de la division et la colline de Monserrate. Ma mission était d'occuper les lieux; je m'attendais à une attaque. J'ai passé le jour suivant (le 10 avril) à patrouiller les crêtes entre la colline de Monserrate et les quartiers généraux de la police.

Plusieurs choses se sont produites. Je suis allé un peu plus au sud pour patrouiller et voir si les troupes ennemies arrivaient de cette direction. À un moment donné, j'ai vu arriver une voiture qui a tourné au coin de la rue. J'ai ordonné au chauffeur de s'arrêter, mais il n'a pas obtempéré. Cet incident ne m'a pas inspiré confiance. J'ai couru et suis arrivé à un point plus élevé de la route, qui était en lacets, pour mieux voir ce qu'il allait faire. J'ai entendu un bruit de ferraille quand la voiture a tourné. Le conducteur, qui avait eu un accident, s'est élancé hors de son véhicule et s'est mis à courir. Je lui ai crié de s'arrêter, mais il s'en est bien gardé. Je n'ai pas tiré parce que j'ai vu qu'il n'était pas armé, mais j'ai pensé qu'il s'agissait d'un espion.

Il y avait plusieurs cabanes sur la colline, et tout le monde avait du vin et des vivres de toutes sortes. Ils avaient reçu du ravitaillement la journée précédente. Ils se montraient tous très chaleureux et nous ont offert à boire et à manger, tout ce qu'ils avaient. Tous les fermiers qui vivaient dans ces collines où je patrouillais étaient de braves gens. Il y avait très peu de maisons dans ce secteur à cette époque, peut-être 14 ou 15 cabanes isolées, pas plus. J'ai d'ailleurs rendu visite à plusieurs de ces fermiers.

Qui, croyez-vous, était cet homme que j'avais soupçonné de nous espionner? Vous n'allez pas le croire. Je l'ai appris de la bouche des habitants lorsque je leur ai demandé s'ils avaient vu ce type. La ville brûlait, un nuage de fumée la recouvrait et on entendait des coups de feu qui retentissaient de partout, mais cet homme avait ramassé deux prostituées et les avait emmenées dans les collines pour se payer du bon temps. Les fermiers m'ont dit: « Il est en train de "niquer" les deux prostituées... » C'était la première fois que j'entendais ce mot.

Trois avions ont survolé les lieux, un peu plus tard. Nous ne savions pas de quel côté ils étaient. Il y avait toujours de l'espoir, car nous ignorions si ces avions étaient avec la révolution ou avec le gouvernement. Ils nous ont survolés plusieurs fois, mais ils ne nous ont rien fait.

Nous avons passé la journée entière dans ces collines et j'ai tiré deux fois vers le ministère de la Guerre, que j'apercevais d'où j'étais. Il n'y avait toujours ni armée ni troupe.

Alape: Est-ce que quelqu'un a répondu à vos coups de feu?

Castro: Non, parce que le ministère de la Guerre se trouvait à sept ou huit cents mètres de là, en contrebas. C'était la seule cible à portée de mon tir.

Une violente altercation s'est produite et ce fut le seul problème que nous ayons vécu. Il était environ 16 heures lorsque, soudainement, j'ai vu quelques hommes qui arrivaient des quartiers généraux de la cinquième division de la police, avec une mitraillette et des gourdins. Je leur ai demandé ce qui se passait. Ils nous ont répondu que la cinquième division s'était faite attaquer. Je les ai suppliés de ne pas partir et les ai assurés de notre appui, parce qu'il ne fallait pas abandonner les gens de la division. Pendant que j'argumentais avec eux, ils nous ont tout à coup menacés de leur mitraillette et ont failli tirer. J'ai cru que ma dernière heure était venue. J'essayais de les persuader, mais ils étaient en état de panique et tout à fait décidés à tout laisser tomber. Après avoir pointé sur moi leur mitraillette, ils sont partis.

Étant donné que la cinquième division était en train de se faire attaquer, j'ai pris ma patrouille et nous avons redescendu la colline, mais il n'y avait aucune attaque. Au contraire, une patrouille avait quitté les quartiers généraux et se dirigeait vers un immeuble où des tireurs d'élite étaient embusqués dans une tour. Je suis parti avec les patrouilleurs. Nous sommes passés dans les rues d'un quartier très pauvre et avons vu tout d'abord des briqueteries, des fours à céramique. Je me souviens d'avoir rencontré un petit garçon. Il est venu vers moi. Son père avait été frappé mortellement par une balle perdue, et l'enfant suffoquait par les pleurs; on aurait dit qu'il me demandait de l'aide. «Ils ont tué mon papa! Ils ont tué mon papa!» répétait-il. Il devait avoir tout au plus six ou sept ans. Le cadavre d'un civil gisait au milieu de la rue. Nous nous sommes dirigés vers la tour et les coups de feu se sont arrêtés. Nous sommes ensuite retournés aux quartiers généraux de la cinquième division et j'y ai passé ma seconde nuit, celle du 10 avril.

À l'aube du 11 avril, on entendait beaucoup parler d'un accord entre le gouvernement et les forces de l'opposition. Je possédais encore mon fusil, et aussi une espèce de braquemart, en fait, un coutelas. Je ne me souviens pas comment cette épée était entrée en ma possession. J'avais encore neuf balles, mon manteau de la police, mon béret de la milice (sans visière) et mon arme blanche.

Les gens bavardaient; les hommes étaient détendus et quelqu'un a proposé à la troupe un traité de paix. Ils ont demandé aux policiers de demeurer à l'intérieur de la caserne et de rendre les armes, et aux civils de rentrer chez eux. J'avais toujours été bien traité depuis l'instant où je m'étais joint à eux et ils étaient contents de voir qu'un Cubain était de leur côté, prêt à se battre. Cela leur a fait une bonne impression.

Quand est venue l'heure de partir, le matin suivant, j'ai voulu emporter un souvenir avec moi – peut-être le coutelas? –, mais ils ont dit: «Non, même pas cela...»

Les félons contre-attaquent

En fait, il n'y a pas eu de traité. Il s'est agi d'un acte de trahison terrible. Je pense que le peuple a été trahi. Ils ont raconté à la population qu'il y avait eu un traité de paix, mais ce n'était pas vrai.

J'ai rendu mon fusil vers midi, la journée du 11 avril. Un autre Cubain est arrivé et m'a raconté tout ce qu'il avait vécu. C'est un miracle qu'il n'ait pas été tué. Il faisait partie de cette même cinquième division. Vers midi, nous sommes partis en direction de l'hôtel. Nous y sommes allés tranquillement parce que la paix était revenue, après la conclusion d'un traité que nous croyions d'envergure national. Cependant, en nous approchant de l'hôtel, nous avons entendu qu'il y avait encore des coups de feu. Beaucoup de révolutionnaires – des tireurs isolés – se faisaient pourchasser un par un. Un grand nombre de combattants furent abattus.

Le traité n'avait pas comme base la justice et n'offrait aucune garantie à la population. Une fois le traité conclu et les armes rendues, l'armée a commencé à pourchasser la population à travers la ville.

Lorsque nous avons atteint l'hôtel, nous avons su que nous, les Cubains, portions le blâme de tout ce qui s'était produit. Tout le monde nous posait des questions: «Que faites-vous, ici? Tout le monde vous recherche...» Ou encore: «C'est vous, les Cubains?» Nous étions tristement célèbres. À l'intérieur de l'hôtel, des gens du Parti conservateur disaient que nous étions responsables de tous ces problèmes. Nous étions donc là, sans un sou, sans aucun ami chez qui nous réfugier. Imaginez un peu! Il était entre 14 et 15 heures...

Nous sommes retournés dans la rue. L'armée et les tireurs isolés échangeaient encore des coups de feu. Nous sommes allés à la pension où se trouvaient Ovares, le président de la FEU, ainsi que Guevara. Les propriétaires de la pension nous ont accueillis et ont promis de nous laisser passer la nuit chez eux, car il y avait un couvre-feu à 18 heures.

Ma tête était pleine de tout ce que j'avais vu. J'étais très énervé. Il y avait eu tout d'abord l'assassinat de Gaitán et la bataille, l'insurrection, tous les événements tragiques qui s'étaient déroulés et ensuite le «traité» et la trahison. Pour mal faire, le propriétaire de la pension était un conservateur. Lorsque nous sommes arrivés, nous portions des vêtements civils et n'étions pas armés. Le propriétaire a commencé à déblatérer contre Gaitán et les libéraux. J'ai perdu patience. Je lui ai dit qu'il avait tort, que le peuple était opprimé, qu'il se battait pour une juste cause. Je me suis énervé et me suis querellé avec lui. J'ai pris la défense des personnes qu'il attaquait. C'était une erreur, car il nous a ordonné de partir, alors qu'il était un peu plus de 17 heures 30, peu de temps avant le couvre-feu...

C'était vraiment très immature de ma part de m'être disputé de cette façon-là avec le propriétaire de la pension précisément à ce moment-là. Sortir pouvait signifier notre arrêt de mort. Nous sommes donc partis et nous nous sommes dirigés directement vers un hôtel où étaient descendues plusieurs délégations. Je pense que l'un de ces deux hôtels était le Granada. Il ne restait que cinq minutes avant le couvre-feu lorsque j'ai aperçu l'un des deux Argentins que j'avais rencontrés pendant que j'organisais le congrès. Il s'appelait Iglesias et passait dans une voiture portant une plaque diplomatique, une des voitures utilisées pour la conférence panaméricaine. Pendant ce temps-là, les autorités étaient à notre recherche.

Nous avons arrêté la voiture d'Iglesias et nous lui avons expliqué nos problèmes. Il nous a ordonné de monter et nous ne nous sommes pas fait prier. Il a commenté la situation en ces termes: «Vous vous êtes vraiment mis dans la merde... Un merdier de première! Je vais vous conduire au consulat cubain.» Oui, c'est là qu'il nous a amenés cette nuit-là. Nous, qui étions les ennemis du gouvernement de La Havane, avons été conduits au consulat de Cuba. Quelle ironie du sort!

Le couvre-feu a débuté à 18 heures. Tout le monde était armé jusqu'aux dents et toutes les voitures étaient fouillées. Ils disaient: «Diplomate? Passez! Diplomate? Ça va, poursuivez votre route!» Nous sommes arrivés au consulat cubain vers 18 heures 10. Nous y étions déjà célèbres parce que tout le monde était à la recherche des fameux «Cubains», mais ils nous ont accueillis chaleureusement. Savez-vous qui était le consul?

Un homme de 65 ans. Il avait un air noble et sa femme était très gentille. Ce monsieur Tabernilla était un gentilhomme qui avait passé sa vie dans le corps diplomatique; c'était l'être le plus aimable que l'on puisse imaginer. Son frère, un ancien militaire, était devenu l'homme de main de Batista et le dirigeant de l'armée du dictateur pendant notre révolution.

C'était la nuit du 11 avril. Le gouvernement cubain avait envoyé un avion de l'armée à cause de ce qui s'était passé et il y avait aussi des militaires, parce qu'une délégation cubaine se trouvait à la conférence panaméricaine.

On a tiré beaucoup de coups de feu devant l'immeuble pendant que nous étions dans le consulat. Frais émoulus des expériences des dernières 48 heures, nous sommes vite allés voir ce qui se passait. Les militaires nous ont donné l'ordre de retourner à l'intérieur, en disant: «Non, non, pas de civils.» Ces militaires hautains, qui n'avaient jamais entendu un seul coup de feu de leur vie, ne voulaient pas que nous soyons témoins des échanges de coups de feu devant le consulat. Mais le consul nous a assurés de sa protection totale; il nous a accueillis et a pris soin de nous.

Nous lui avons mentionné qu'il y avait deux autres Cubains en ville. Il a envoyé la voiture diplomatique à la pension où logeaient nos deux compatriotes et les a fait ramener au consulat. Nous étions donc tous les quatre en territoire diplomatique. Le consulat a arrangé nos papiers officiels et nous sommes rentrés à Cuba le 12 avril, à bord d'un avion qui avait été envoyé en Colombie pour chercher quelques taureaux pour une corrida.

J'ai emporté avec moi tous les documents, la «Prière pour la paix», et tout ce que Gaitán m'avait confié. Je suis allé les chercher à ma chambre d'hôtel avant de partir. Nous sommes arrivés à Cuba au début de la soirée, après avoir fait une escale à Baranquilla.

C'est ainsi qu'a pris fin une série de petits miracles. Qui plus est, si nous n'avions pas réussi à arriver à l'hôtel Granada à 17 heures 55, nous aurions certainement été tués; et si nous avions été capturés, nous aurions été blâmés pour tout. Le gouvernement a essayé de dire qu'il s'était agi d'un complot communiste fomenté par des étrangers. En vérité, nous n'avions rien à voir avec ce qui s'était produit. Don Quichotte en herbe, étudiants idéalistes, nous n'avons fait que nous joindre à la révolte de la population!

Alape: De toutes ces expériences, quelle est celle qui vous a le plus marqué?

Castro: Eh bien, je vais vous le dire. Je nourrissais déjà des idées révolutionnaires. Je ne vous dirai pas qu'elles étaient aussi bien structurées qu'elles le sont à l'heure actuelle. Mes idées théoriques n'avaient pas une base aussi solide que celle qu'elles ont eue quelques années plus tard. À cette époque, je défendais déjà les causes de l'indépendance de Porto Rico, de la démocratie en République dominicaine et de toutes les autres causes importantes en Amérique latine. J'ai pris part à la lutte contre l'impérialisme et je voulais que l'Amérique latine soit unifiée, que les peuples fassent front commun contre l'oppression et la domination des États-Unis. J'avais déjà étudié les bases du marxisme-léninisme, mais je ne peux pas dire que j'étais un marxiste-léniniste à cette époque, encore moins un membre du Parti communiste ou même de la Jeunesse communiste.

Lorsque, plus tard, j'ai développé une stratégie étayée par des principes marxistes-léninistes, je n'ai pas adhéré au Parti communiste. J'ai plutôt créé une nouvelle organisation dont je suis devenu un des membres. Je n'ai pas fait cela parce que j'avais des préjugés contre le Parti communiste, mais davantage parce que j'ai réalisé que ce dernier était très isolé et qu'il me serait plus difficile de mener à bien mes idées révolutionnaires à l'intérieur de ses rangs. C'est pourquoi j'ai dû choisir entre devenir un membre du PC et créer une organisation révolutionnaire qui agirait en tenant compte de la situation particulière de Cuba. Dès avril 1948, j'avais déjà des idées de gauche, pardessus tout démocratiques, patriotiques, anti-impérialistes et populistes.

Comment étais-je, en 1948? J'étais presque – mais pas tout à fait encore – un communiste. Mes concepts étaient très près de ceux des communistes, mais j'étais encore influencé par les idées de la Révolution française, surtout par les luttes qu'avait menées la population, par les tactiques et surtout par son aspect militaire.

Alape: Les événements du mois d'avril ont-ils influencé l'évolution de votre pensée révolutionnaire?

Castro: Voir une révolution populaire se former sous mes yeux s'est avéré une chance inestimable et doit avoir eu une grande influence sur mon comportement futur. Cela m'a permis de réaffirmer quelques concepts que j'avais déjà acquis au sujet de l'exploitation des masses, des opprimés, des personnes en quête de justice. Le peuple était opprimé, exploité, affamé. La mort de Gaitán – qui avait, visiblement, créé de l'espoir chez le peuple colombien – a été le détonateur de cette explosion que personne n'avait et n'aurait organisée; il s'agissait d'une explosion tout à fait spontanée.

Comme toujours, l'impérialisme et l'oligarchie ont profité de la situation pour dire que cela avait été le résultat d'une conspiration communiste contre la conférence de l'OEA, mais le congrès que nous étions en train d'organiser n'avait aucun lien avec le Parti communiste cubain.

Alape: Y avait-il un lien quelconque entre l'insurrection du 9 avril et l'attaque de la caserne Moncada, en 1953?

Castro: Cela faisait partie des expériences que j'avais vécues avant la lutte révolutionnaire à Cuba. Au moment où nous avons attaqué la caserne Moncada, je savais que nous avions entrepris quelque chose de très difficile, pas seulement à cause de ce dont j'avais été témoin le 9 avril, mais pour bien d'autres facteurs. En effet, j'avais étudié très sérieusement l'histoire des révolutions populaires. Au moment de l'attaque de la caserne Moncada, j'avais pris de la maturité et assimilé beaucoup des théories marxistes-léninistes, un bagage qui me faisait défaut avant d'aller à Bogotá. Je n'avais pas reçu de formation marxiste-léniniste et ne nourrissais pas de convictions socialistes à cette époque. J'étais naturellement dans un environnement tout ce qu'il y a de plus stimulant pour le développement de mes idées. J'avais énormément progressé et avancé dans ma façon d'envisager la politique et j'avais une vision très progressiste de celle-ci, mais je n'étais pas encore arrivé à avoir la maturité politique ni les convictions marxistes-léninistes profondes qui étaient les miennes lors de l'attaque de la caserne Moncada.

J'étais nettement influencé par toutes les grandes idéologies populaires à cette époque, par les idées de la Révolution française, de la lutte qu'il fallait mener pour arriver à notre indépendance. Je ressentais, par-dessus tout une grande solidarité et une grande sympathie pour le peuple, et une haine viscérale de l'oppression, de l'injustice, de la pauvreté, de tout cela.

J'avais 21 ans à cette époque et je pense ne m'être pas trop mal conduit. Je ressentais de la fierté pour ce que j'avais fait. Je maintenais une attitude constante. J'avais réagi à la mort de Gaitán avec la même indignation que le peuple colombien, et j'ai réagi à l'injustice et à l'oppression qui existaient dans ce pays exactement comme lui, manifestant ainsi un esprit de décision et de l'altruisme. Je pense avoir également réagi avec beaucoup de bon sens lorsque j'ai tout fait pour essayer d'organiser les choses. À mon âge et avec toute l'expérience que j'ai acquise depuis, si je devais donner mon avis à l'heure actuelle, je pense qu'il ne serait guère différent de celui que j'avais soumis aux quartiers généraux de la cinquième division lors de cette nuit historique. Je pense que ma décision de rester sur place, même seul, et mon évaluation de leur très grave erreur de tactique cette nuit-là, constituaient une preuve de mon altruisme et de mon idéalisme à la Don Quichotte. Je leur suis resté loyal pendant toute cette période. L'après-midi du 10, après que l'on m'ait dit que les quartiers généraux avaient été attaqués et que la police était en train de déserter, je me suis rendu aux quartiers généraux avec ma patrouille. Oui, vraiment, ma conduite a été irréprochable. J'étais un homme discipliné.

Pourquoi suis-je resté alors que je savais que la situation était suicidaire et qu'ils étaient en train de commettre une terrible erreur militaire? Parce que je possédais le sens de l'honneur, un certain idéalisme et des principes moraux. Cette nuit-là, les tanks n'ont pas arrêté de passer devant les quartiers généraux et nous nous attendions à être attaqués tous les quarts d'heure. Je savais que si nous nous faisions attaquer, nous allions tous mourir parce que nous nous trouvions dans une véritable souricière. Et je suis resté, même si j'étais en total désaccord avec les décisions qu'ils prenaient sur le plan militaire. J'allais mourir de façon anonyme, mais je suis resté. Je suis fier de cela. J'ai agi en accord avec mes principes moraux, avec dignité et discipline, faisant montre d'un altruisme incroyable. Il fallait voir l'enchaînement des événements pour se rendre vraiment compte de la situation. J'ai agi en Don Quichotte lorsque je me suis disputé avec le propriétaire de la pension. Cet acte qui aurait pu me coûter la vie. Je l'ai fait parce que je ne pouvais pas rester silencieux à la vue de tous ces événements. Souvenez-vous que je n'avais que 21 ans. Si j'avais eu un peu plus d'expérience, je me serais peut-être tu, j'aurais laissé ce conservateur dégoiser ses imbécillités et je n'aurais pas provoqué une situation à laquelle nous n'avons échappé que par miracle. S'ils nous avaient capturés, tout le blâme des événements nous serait retombé dessus et je ne serais pas ici, aujourd'hui, pour vous raconter ce qui s'est vraiment passé ce 9 avril.

Le peuple a fait preuve d'un courage exemplaire. Vous voulez savoir ce qui m'a impressionné? Tout d'abord, le phénomène qui montre à quelle vitesse un peuple opprimé peut se révolter. Ensuite, le courage et l'héroïsme du peuple colombien dont j'ai été témoin ces journées-là. Cependant, il n'y avait ni organisation ni éducation politique pour appuyer cet héroïsme. Il y avait une conscience politique et un esprit de révolte, mais il n'y avait aucune éducation politique, pas plus qu'il n'y avait de chef.

L'insurrection du 9 avril a eu une forte influence sur ma vie de révolutionnaire: après avoir vu ce que j'avais vu, j'ai entrepris des efforts considérables pour créer une conscience politique et donner une éducation politique aux Cubains. J'ai voulu éviter que la révolution tombe dans l'anarchie, le pillage, le désordre, et que le peuple ne fasse lui-même la loi. La plus grande influence que ces événements ont eue sur moi a certainement été dans la stratégie révolutionnaire, l'idée que j'ai eue de donner une éducation politique au peuple pendant notre lutte pour qu'il n'y ait ni anarchie ni pillage le jour où triompherait la révolution, et qu'il n'y ait pas de vengeance parmi la population.

Je n'avais aucune idée précise sur la question à ce moment-là, mais, plus tard, je me suis demandé si mes compatriotes auraient eu le même genre de réaction. Je peux me tromper, mais j'estime que mon peuple aurait peut-être eu un meilleur comportement politique. Il était plus improbable que les Cubains se soient mis à piller plutôt que de s'engager dans une lutte révolutionnaire. Il faut dire que sur le plan économique ils n'étaient pas aussi pauvres et aussi désespérés que les Colombiens.

À Bogotá, beaucoup de personnes – les pauvres, les ouvriers et les étudiants – se sont engagés dans la lutte, mais presque tous les autres, y compris des pauvres, se sont livrés au pillage. C'est la vérité toute crue. Naturellement, le pillage n'apporte rien de bon parce que les membres de l'oligarchie –

ceux qui supportent le statu quo et qui sont presque heureux de soutenir que le peuple est anarchique, qu'il ne constitue qu'une masse désordonnée – ont pris avantage de la situation. Cela m'a beaucoup influencé, du moins en ce qui concerne la prise de conscience que j'ai eue du besoin qu'a la population de suivre une ligne de conduite politique pour éviter l'anarchie et le pillage et ne pas se faire justice elle-même.

Je pense également que l'expérience que j'ai vécue à Bogotá m'a permis de mieux m'identifier aux problèmes du peuple. Le fait de voir une population opprimée se battre et lutter m'a fortement influencé du point de vue des sentiments révolutionnaires. J'ai été très peiné par la mort de Gaitán; j'ai ressenti la douleur de ce peuple exploité et ensanglanté, la douleur d'un peuple vaincu. J'ai constaté ce dont étaient capables les représentants de l'impérialisme, de l'oligarchie et des classes réactionnaires. Par-dessus tout, j'ai ressenti la douleur de la trahison. Le peuple a été trahi parce qu'on lui a dit qu'il y avait un accord, une trêve, ce qui signifiait un renversement de la situation, la fin des effusions de sang et des garanties pour tout le monde. Après l'accord, après la trêve, après que les révolutionnaires aient rendu leurs armes, je n'oublierai jamais comment des dizaines d'entre eux ont été traqués à travers la ville. Ce sont des héros. Les tireurs isolés ont eu un courage extraordinaire! Ils étaient fidèles à leur poste, ne sachant pas ce qui se passait. Et ils continuaient à se battre.

Le rôle du Parti communiste

Le Parti communiste n'a joué aucun rôle dans cette histoire. Je pense que les adhérents des partis de gauche, qu'ils soient libéraux ou communistes, se sont battus avec le peuple. Le peuple s'est soulevé, mais il est faux de prétendre que le Parti communiste colombien, le Parti communiste cubain ou l'Internationale communiste aient eu quelque responsabilité que ce soit dans l'insurrection. Cela n'est qu'un bobard de plus.

Le Parti communiste n'avait que très peu de membres à cette époque-là; il était peu important. Le Parti libéral était le parti qui représentait la plus grande force politique, spécialement auprès des universités et des pauvres. Personne n'a organisé l'insurrection. Je suis certain de cela, parce que cette démarche populaire a été spontanée. La violence avec laquelle la population a réagi démontre à quel point ce peuple était opprimé et à quel point Gaitán représentait quelque chose à leurs yeux. Son assassinat signifiait la fin de l'espoir. C'était la goutte qui faisait déborder le vase. Et le peuple s'est tout simplement insurgé. Je l'ai vu immédiatement. Les personnes dans la rue, les gens ordinaires se sont mis à courir en vociférant. Ils étaient furieux, hors d'eux. Cela a été la plus incroyable éruption de violence que vous puissiez imaginer, car ces gens, ces opprimés, ces prolétaires dénués de conscience politique étaient totalement désorganisés et sans chef.

Beaucoup de membres de la police ont joint les rangs de l'insurrection et l'armée a hésité. Gaitán avait pourtant des appuis chez les militaires. Ceux-ci étaient sympathiques à ses idées et avaient suivi le procès de Cortés avec le plus grand intérêt. Désorganisés, sans chef, pratiquement sans éducation politique, au moment où les citoyens auraient pu prendre le pouvoir, une partie d'entre eux s'est préoccupée de résoudre des problèmes immédiats: trouver des aliments et s'emparer de tout ce qui pouvait leur tomber sous la main. C'était, en fait, le chaos total, l'anarchie et le pillage. Cela a produit un effet négatif. Il n'y a aucun doute là-dessus. C'est un fait: il y a eu du pillage. Je l'ai vu de mes propres yeux. Ces gens n'étaient pas organisés. S'ils avaient eu des chefs compétents, l'insurrection du 9 avril se serait soldée par la victoire du peuple.

La trahison m'a impressionné au plus au point. Je pense que les membres du Parti libéral ont trahi la population, ni plus ni moins. Ils se sont montrés incapables de diriger la population, de mettre un chef à la place de Gaitán, et ils ont fait preuve d'un manque de loyauté envers le peuple. Ils ont conclu un accord peu scrupuleux, parce qu'ils avaient peur de la révolution.

On se demandera comment cela a pu avoir un lien avec notre expérience du 26 juillet, c'est-à-dire l'attaque de la caserne Moncada en 1953. J'ai continué à développer ma pensée révolutionnaire en l'élaborant d'après ce que j'étais à cette époque. Peu de fois dans ma vie ai-je été aussi altruiste et aussi sincère que pendant ces heures-là. Dans mon vécu de révolutionnaire qui a suivi cette période, je pense avoir toujours agi comme je l'avais fait cette nuit-là. Lorsque je fais mon autocritique et que je me demande la raison de ma présence parmi les insurgés colombiens (même si je continue à penser qu'ils se sont trompés sur le plan militaire), en sachant pertinemment que ce n'était pas ma patrie et que j'étais isolé, je persiste et signe. Malgré toutes ces raisons, j'avais décidé de rester. Toute ma vie, je me suis toujours comporté ainsi par la suite. J'ai toujours réagi de cette manière-là. Je suis fier de ma conduite. Ma présence a été un accident, tout comme notre congrès, d'ailleurs, et cela n'avait aucun lien avec ce qui s'est produit. Notre congrès avait comme objectif de protester contre l'impérialisme, contre l'OEA. L'insurrection a, en fait, perturbé la conférence.

Alape: Avez-vous eu des problèmes, à votre retour à Cuba?

Castro: Non. On avait appris que des Cubains s'étaient trouvés là-bas, mais personne n'y avait porté d'attention. Le fait est que les Cubains portaient le blâme pour tout ce qui s'était passé. La présence de ces derniers a été utilisée par tous ceux qui ont voulu faire croire qu'il s'était agi d'une conspiration de l'Internationale communiste et que les nôtres avaient tout organisé. Cette présence a aussi été utilisée pour faire porter le blâme à quelques étrangers qui se trouvaient sur place. Les deux Cubains n'étaient pourtant pas responsables. Ils n'avaient fait que participer. Je me suis joint à l'insurrection d'un peuple pour agir en accord avec mes principes et avec ma solidarité révolutionnaires.

CHAPITRE 4

PRÉPARATIFS DE L'ATTAQUE DE LA CASERNE MONCADA*

J'avais déjà adopté un point de vue communiste lorsque nous avons attaqué la caserne Moncada. J'avais relativement bien développé mes idées progressistes acquises pendant que j'étais à l'université, au moyen de mes lectures d'écrits révolutionnaires.

Assez curieusement, le fait d'avoir étudié le système d'économie politique capitaliste a fait en sorte que j'ai commencé à tirer des conclusions socialistes et à imaginer une société dont l'économie fonctionnerait de façon plus rationnelle. Cela s'est passé avant que je ne découvre la littérature marxiste. Je n'ai pas été exposé à des idées ou à des théories révolutionnaires, ou au *Manifeste du Parti communiste* et aux premières œuvres de Marx, Engels et Lénine avant d'entreprendre ma première année d'université. Pour être honnête, la simplicité, la clarté et la façon directe avec lesquelles notre monde est expliqué dans le *Manifeste du Parti Communiste* ont eu sur nous un impact considérable.

Bien entendu, avant de devenir un utopiste ou un marxiste, j'étais déjà acquis aux idées de José Marti depuis le secondaire. Nous étions tous très impressionnés par les idées de Marti et nous l'admirions tous. Je me suis aussi pleinement identifié aux luttes héroïques menées par notre peuple pour son indépendance au cours du siècle précédent.

---

* *Extrait d'une interview de Fidel Castro par Frei Betto, conduite en mai 1985 et publiée chez Ocean Press sous le titre* Fidel and Religion.

Je vous ai parlé de la Bible, mais je pourrais également vous parler de la fort intéressante histoire de notre pays. Elle est remplie d'exemples de courage, de dignité et d'héroïsme. De la même façon que l'Église a ses martyrs, l'histoire de chaque pays est constellée de martyrs et de héros. L'histoire d'un pays est un peu comme une religion. Mon cœur a toujours été rempli de vénération, lorsque j'entendais évoquer la saga du général Antonio Maceo, le «titan de bronze», qui avait participé à tant de batailles et réussi autant de faits d'armes; ou lorsque l'on me racontait la vie d'Ignacio Agramonte, celle de Máximo Gómez, ce grand Dominicain, internationaliste et commandant génial qui s'est battu du côté des Cubains dès le début; ou encore l'histoire de ces étudiants en médecine qui ont été fusillés en 1871 pour avoir soi-disant violé la tombe d'un Espagnol. Nous avons beaucoup entendu parler de Martí et de Carlos Manuel de Céspedes, le père de notre pays.

Donc, tout comme l'histoire de la Bible, il y avait une autre histoire que nous considérions comme sacrée: celle de notre pays, des héros de notre nation. Je n'ai pas appris tout cela des autres membres de ma famille – pour la bonne raison qu'ils n'avaient pas reçu assez d'instruction –, mais des livres que j'avais lus à l'école. Je suis entré graduellement en contact avec d'autres modèles de peuples et de comportement.

Avant de devenir marxiste, j'ai été un profond admirateur, un vrai disciple de Martí. Marx et Martí sont des noms qui commencent tous deux par la lettre M et je pense qu'ils se ressemblent beaucoup. Je suis convaincu que si Martí avait vécu dans le même environnement que Marx, il aurait eu les mêmes idées et aurait plus ou moins agi de la même manière. Martí éprouvait beaucoup de respect pour Marx. Il a déjà dit, en parlant de lui: «Il mérite d'être honoré, car il s'est placé du côté des faibles.» À la mort de Marx, Martí a écrit des phrases magnifiques.

Je pense que l'œuvre de Martí comporte tellement de belles et grandes choses que l'on peut devenir marxiste en prenant ses idées comme point de départ. Bien entendu, Martí n'a pas expliqué pourquoi la société est divisée en différentes classes, bien qu'il se soit toujours rangé du côté des pauvres et qu'il ait toujours critiqué amèrement les pires vices de la société ploutocratique.

Lorsque, pour la première fois, j'ai eu entre les mains le *Manifeste du Parti communiste*, j'ai trouvé des explications à beaucoup de choses. Au milieu d'une foule d'événements, alors qu'il était difficile de comprendre quoi que ce soit et que tout semblait être la conséquence de la méchanceté des hommes – leurs défauts, leur perversité et leur immoralité –, j'ai commencé à distinguer d'autres facteurs qui ne dépendaient pas de l'attitude individuelle des hommes et de leur moralité.

J'ai commencé à comprendre la société humaine, le processus historique et les divisions dont j'étais témoin tous les jours. Après tout, vous n'avez pas besoin d'une carte, d'un microscope ou d'un télescope pour voir la division des classes, qui signifie que les pauvres ont faim pendant que d'autres ont plus que le nécessaire. Qui peut comprendre cela mieux que moi, qui ai fait l'expérience des deux réalités et qui, d'une certaine façon, ai été un peu la victime des deux? Comment pouvais-je ne pas comprendre mes propres expériences, la situation du propriétaire terrien et celle du fermier qui ne possède pas de terre et qui marche pieds nus?

Lorsque je vous ai parlé de mon père et de Birán, j'aurais dû vous mentionner que bien qu'il fût un grand propriétaire terrien, il était également un excellent homme. Ses idées politiques étaient, évidemment, celles d'un propriétaire terrien. Il était certainement conscient de l'écart qui existait entre ses intérêts et ceux de ses salariés. Même là, c'était un homme qui ne disait jamais non à celui qui lui demandait quelque chose ou qui sollicitait son aide. C'était très intéressant.

Les terres que possédait mon père étaient entourées de latifundia appartenant à des citoyens américains. Mon père avait beaucoup de terres, mais elles étaient entourées par trois plantations de canne à sucre dont chacune devait couvrir des dizaines de milliers d'hectares. L'une d'entre elles s'étendait sur 120 000 hectares et l'autre sur environ 200 000. Il s'agissait d'une suite de plantations de canne à sucre. Les propriétaires américains géraient leurs biens en recourant à des standards de négriers. Ils étaient dénués de scrupules. Les propriétaires n'habitaient pas sur leurs terres mais à New York. Ils mettaient sur place un administrateur à qui ils imposaient un budget draconien pour les dépenses et ce dernier ne devait pas dépenser un sou de plus.

Beaucoup de personnes venaient chez nous à la morte saison, après la récolte de la canne à sucre. Elles parlaient à mon père et lui disaient: «J'ai tel ou tel problème. Nous avons faim, nous avons besoin de quelque chose, nous avons besoin d'aide, de crédit au magasin. Nous avons besoin de gagner notre vie, donnez-nous du travail.» Les champs de canne à sucre de mon père étaient les plus propres de Cuba. Mon père faisait enlever les mauvaises herbes de ses champs trois à quatre fois par année, alors que les autres ne le faisaient qu'une seule fois. Son but était de donner du travail aux malheureux journaliers. Lorsque quelqu'un lui soumettait quelque problème, je ne me souviens pas qu'il ait jamais été à court de solutions. Il lui arrivait de grogner et de se plaindre, mais sa générosité triomphait toujours. C'était l'un des principaux traits de son caractère.

Lorsque j'étais adolescent, mon père m'emmenait travailler dans les bureaux ou au magasin. Je devais passer une grande partie de mes vacances au boulot et ce n'était pas un travail volontaire: je n'avais pas le choix. Je n'oublierai jamais toutes ces pauvres gens qui venaient pieds nus, en haillons, affamés, en quête d'un billet pour pouvoir acheter quelque chose au magasin. Si l'on compare ce qui se passait chez nous à la façon dont les ouvriers étaient traités, pendant la morte saison, dans les latifundia appartenant à des Américains, on peut dire que nous étions une sorte d'oasis.

Au moment où j'ai commencé à avoir des idées révolutionnaires et à découvrir les écrits marxistes, j'avais déjà très bien vu l'écart qui existait entre la richesse et la pauvreté, entre une famille qui possédait beaucoup de terres et une famille qui n'avait rien du tout. Qui pouvait donc m'expliquer ce qu'était une société divisée en classes sociales différentes et ce qu'était l'exploitation de l'homme par l'homme, étant donné que je l'avais vue de mes propres yeux et que j'en avais souffert, jusqu'à un certain point?

Si vous avez déjà des traits de caractère rebelles, que vous entretenez certaines valeurs morales et que vous êtes confronté à une idée qui provoque chez vous une plus grande perspicacité, une idée comme celles qui m'ont aidé à comprendre le monde et la société dans laquelle je vivais, comment pouvez-vous ne pas sentir l'impact d'une telle révélation, surtout si vous comparez tout cela avec ce que vous constatez autour de vous? C'était précisément mon cas. J'étais totalement attiré par ces écrits révolutionnaires; ils m'avaient totalement conquis. De la même façon qu'Ulysse a été séduit par le chant des sirènes, j'ai été fasciné par les vérités irréfutables que l'on trouvait dans la documentation marxiste. Je l'ai tout de suite saisie, j'ai eu la révélation et j'ai compris les choses. Plus tard, bon nombre de mes compatriotes, qui n'avaient aucune connaissances préalables de ces questions, mais qui étaient des personnes honnêtes et désireuses de voir se terminer les injustices qui existaient dans notre pays, ont vécu la même expérience. Ils ont ressenti le même impact, dès qu'ils sont entrés en contact avec des éléments de la théorie marxiste.

Les révolutionnaires chrétiens

Betto: Cette prise de conscience marxiste n'a-t-elle pas engendré des préjugés chez vous vis-à-vis des révolutionnaires chrétiens qui se sont joints au Mouvement du 26 juillet, tel Frank País[53], par exemple? Que s'est-il produit?

Castro: Laissez-moi vous raconter: au meilleur de ma souvenance, ni moi ni aucun de mes camarades n'avons jamais entretenu de conflit avec qui que ce soit pour des motifs religieux. Comme je vous l'ai déjà dit, mon profil était celui d'un marxiste-léniniste. Je suis sorti de l'université en 1950 et j'avais acquis un vrai profil de révolutionnaire dans un très court laps de temps. Pas seulement au chapitre des idées, mais aussi en raison des objectifs à atteindre, de l'application de ces idées et des conditions qui prévalaient dans notre pays. Je pense que cela était très important.

Lorsque je suis entré à l'université, je me suis tout d'abord engagé envers le Parti de l'opposition, qui condamnait durement la corruption politique, les détournements de fonds et les fraudes.

Betto: Le Parti orthodoxe?

Castro: Oui. Son nom officiel était le Parti du peuple cubain et il avait l'appui de presque toute la population. Beaucoup de gens honnêtes, bien intentionnés, étaient membres de ce parti. Il avait placé l'emphase sur la critique de la corruption, les détournements de fonds, les abus et l'injustice. Il avait constamment dénoncé les abus commis par Batista au cours de son premier mandat. À l'université, tout cela était relié avec une tradition de luttes, depuis les martyrs de l'École de médecine en 1871 et les luttes contre Machado et Batista. L'université a également pris position contre l'administration de Grau San Martin à cette époque, à cause des fraudes, de la frustration et des détournements de fonds qu'ils ont occasionnés dans le pays.

Comme beaucoup de jeunes à l'université, j'avais établi des relations avec ce parti pratiquement dès le début, avant de prendre connaissance des théories marxistes dont je vous ai parlé. Lorsque je suis sorti de l'université dûment diplômé, mes liens avec le Parti étaient très forts, mais mes idées se sont développées encore plus.

J'ai alors voulu suivre des cours plus poussés. J'étais conscient d'avoir besoin de plus d'expérience avant de me consacrer totalement à la politique. Je voulais étudier tout spécialement l'économie politique. À l'université, j'avais fait de gros efforts pour réussir les cours qui me permettaient d'obtenir des diplômes en droit, en droit international et en sciences sociales pour décrocher une bourse. Je vivais déjà à mes frais. Ma famille m'avait aidé financièrement pendant mes premières années d'études, mais lorsque je suis sorti du collège – j'étais même déjà marié, à cette époque-là –, je ne pouvais pas penser continuer à recevoir de l'aide de ma famille. Et comme je voulais continuer à étudier, le seul moyen de le faire était d'obtenir une bourse d'un pays étranger. Pour obtenir cela, il fallait que je réussisse mes examens. La bourse était déjà à portée de ma main. Il ne me restait qu'à réussir deux cours supplémentaires, en plus des cinquante que j'avais déjà complétés. Pas un seul autre étudiant de ma promotion n'avait accompli une chose semblable; je n'avais donc à faire face à aucune concurrence. Mais mon impatience et mon éveil à la réalité m'ont forcé à agir. Je ne disposais pas des trois ans nécessaires pour continuer mes études, celles dont j'avais besoin pour potasser l'économie et améliorer et approfondir mes connaissances théoriques.

Étant bien outillé, avec mon profil de révolutionnaire et mes idées maîtresses, j'ai décidé de mettre celles-ci en pratique. Avant même le coup d'État du 10 mars 1952, je concevais déjà ce qu'était une révolution et comment l'implanter. Lorsque je suis entré à l'université, je n'avais pas encore élaboré de culture en ce sens. Pas moins de huit ans se sont écoulés entre le moment où j'ai commencé à élargir ma conception du monde et le triomphe de la révolution cubaine.

J'ai dit que je n'avais pas eu de guide. Les efforts que j'ai dû faire pour structurer, développer et appliquer ces idées en un aussi bref laps de temps ont été énormes. Ce que j'avais appris du marxisme-léninisme a exercé sur moi une influence décisive. Je crois que ma contribution à la révolution cubaine réside dans le fait que j'ai réalisé la synthèse des idées de Martí et de celles du marxisme-léninisme, et que je les ai appliquées à notre lutte de façon cohérente.

J'ai remarqué que les communistes cubains étaient isolés à cause de l'atmosphère impérialiste qui nous entourait, et à cause du maccarthysme et des politiques réactionnaires en place. Peu importe ce que les communistes faisaient, ils demeuraient isolés. Ils avaient réussi à obtenir une position forte au sein des syndicats; nombre de membres du Parti avaient travaillé au cœur de la classe ouvrière cubaine et s'étaient dévoués pour les ouvriers; ils avaient fait beaucoup pour eux et avaient gagné du prestige au sein des classes ouvrières. Mais, vu les circonstances, je ne voyais pas qu'ils puissent entretenir des espoirs politiques.

J'ai donc mis au point une stratégie révolutionnaire qui procéderait à une révolution sociale en profondeur, mais de façon graduelle, par étapes. Au fond, j'ai décidé de faire cette révolution avec la population, tout à fait insatisfaite et révoltée, mais qui ne possédait pas la conscience politique nécessaire pour ressentir le besoin d'une révolution. Je parle ici de la majorité de la population. J'ai dit: «Les masses populaires rebelles, les gens ordinaires non corrompus représentent la force susceptible de faire la révolution et sont la force de frappe de celle-ci. Les masses doivent être acheminées vers la révolution, mais par étapes.» On ne peut pas susciter une telle conscience du jour au lendemain, seulement avec des mots. Il me paraissait évident que les masses populaires représentaient les éléments de base – des entités encore confuses dans bien des cas, qui entretenaient des préjugés défavorables face au socialisme et au communisme; des gens qui n'avaient jamais reçu d'éducation politique et qui subissaient des influences de tous les côtés par l'entremise des médias de masse: la radio, la télévision, les films, les livres, les revues, les journaux et les discours réactionnaires et antisocialistes entendus un peu partout.

Le socialisme et le communisme avaient été décriés comme étant les ennemis de l'humanité. Ce fut l'un des usages arbitraires et injustes auxquels recoururent les médias dans notre pays, une des méthodes utilisées par les forces réactionnaires à Cuba comme partout ailleurs. Dès votre plus jeune âge, vous entendiez raconter que choisir le socialisme équivalait à abjurer votre patrie, que ce système allait s'emparer des terres des fermiers et des biens personnels de la population, qu'il allait provoquer l'éclatement des familles et plein d'autres choses du genre. À l'époque de Marx, le socialisme a été accusé d'encourager la mise en commun des femmes – une accusation que ce grand penseur socialiste a réfutée. Les choses les plus absurdes, les plus horribles ont été inventées pour contrer les idées révolutionnaires et empoisonner l'esprit du peuple. Il y avait beaucoup d'anticommunistes au sein de la population: des mendiants, des personnes affamées ou au chômage pouvaient être anticommunistes. Ces gens ne savaient pas ce qu'étaient le communisme ou le socialisme. Cependant, je voyais bien que les masses populaires souffraient de pauvreté, d'injustice, d'inégalité et qu'elles étaient humiliées. La souffrance du peuple n'était pas seulement une souffrance matérielle; elle était également morale. Vous ne souffrez pas seulement de recevoir 1 500 calories par jour alors qu'il vous en faudrait 3 000. Il existe une autre sorte de souffrance: l'inégalité sociale qui fait que vous vous sentez constamment avili et humilié en tant qu'être humain, parce que l'on vous traite comme un chien, comme si vous n'existiez pas, comme si vous étiez moins que rien.

J'ai alors réalisé que les masses populaires constituaient un élément décisif, qu'elles étaient très en colère et très mécontentes. Elles ne comprenaient pas l'essence du problème; leurs idées étaient confuses. Elles imputaient le chômage, la pauvreté, le manque d'écoles et d'hôpitaux, la pénurie de logement –

enfin, presque tout – à la corruption administrative, aux détournements de fonds et à la perversité des hommes politiques.

Le Parti du peuple cubain s'était arrimé à ce mécontentement, mais il n'en faisait pas vraiment porter le blâme au système capitaliste ou impérialiste. Je pense que la cause principale était que l'on nous avait enseigné une troisième religion : celle du respect et de la reconnaissance envers les États-Unis. « Les États-Unis nous ont donné notre indépendance. Ils sont nos amis. Ils nous ont aidés et nous aident encore. » Ce genre de texte apparaissait souvent dans les textes officiels.

Je suis en train de vous expliquer une réalité historique. On nous avait enseigné que « l'indépendance avait commencé le 20 mai 1902 », le jour où les États-Unis nous avaient fait cadeau d'une république néocolonialiste tout en y incluant un amendement constitutionnel qui lui donnait le droit d'intervenir à Cuba. Au fait, le 20 mai se trouve être le jour qu'ils ont choisi pour mettre en ondes Radio Gœbbels, Radio Reagan, Radio Hitler. (Je ne commencerai pas à appeler cette radio subversive « Radio Martí[54] ».) Lorsque les États-Unis ont mis en vigueur l'amendement Platt à Cuba, ils occupaient déjà le territoire cubain depuis quatre ans. Ils ont occupé notre pays pendant quatre ans et après, ils se sont réservé le droit infâme de pouvoir intervenir. Ils sont intervenus plus d'une fois et se sont emparés de nos meilleures terres, de nos mines, de notre commerce, de nos finances et de notre économie.

Cela avait commencé en 1898 et le point culminant a été le 20 mai 1902, avec cette caricature de république, la manifestation politique des colonies américaines établies à Cuba. C'est alors qu'ont commencé les appropriations massives des ressources naturelles et des richesses du pays. Je vous ai raconté que mon père avait travaillé comme ouvrier dans une société américaine très connue, la United Fruit Company, qui s'était établie dans la partie nord de la province d'Oriente.

Des livres vantaient le mode de vie américain et il entrait dans notre pays toutes sortes d'écrits qui abondaient dans le même sens. À l'heure actuelle, même les enfants savent qu'il s'agit d'un énorme mensonge. Comment parvient-on à détruire tous ces mensonges, tous ces mythes? Je me souviens que la population ne connaissait rien, mais qu'elle souffrait. Le peuple avait les idées embrouillées, mais il était également désespéré et tout à fait capable de se battre et d'aller dans la direction qu'on lui indiquait. Il fallait conduire le peuple sur le chemin de la révolution par étapes, pas à pas, jusqu'à ce qu'il ait acquis une conscience politique totale et une confiance dans l'avenir.

Je suis arrivé à ces conclusions après avoir lu et étudié l'histoire cubaine, la personnalité cubaine et le marxisme, et après en avoir dégagé les différentes caractéristiques.

Betto: Faisiez-vous partie de l'aile gauche du Parti orthodoxe?

Castro: Plusieurs personnes connaissaient mes opinions et nombre d'entre elles cherchaient déjà à me barrer le chemin. Ils me traitaient de communiste parce que j'expliquais candidement mes idées à tout venant. Cependant, je ne défendais pas le socialisme comme étant le premier objectif à atteindre. J'ai dénoncé un peu partout l'injustice, la pauvreté, le chômage, les loyers abusifs, l'expulsion des fermiers, les bas salaires, la corruption politique, l'exploitation impitoyable. C'était une dénonciation, un discours et un programme que le peuple était beaucoup plus apte à comprendre et que j'avais commencé à travailler pour amener la population dans une direction vraiment révolutionnaire.

J'ai remarqué que même s'il était fort et qu'il exerçait de l'influence sur les ouvriers, le Parti communiste était isolé. Je l'ai vu comme un allié potentiel. Je ne pouvais pas, bien sûr, convaincre un membre du Parti que j'avais raison. Je n'ai même pas essayé de le faire. Ce que j'ai fait, c'est de mener à bien ces idées après avoir été en contact avec le marxisme-léninisme. J'entretenais d'excellentes relations avec les communistes. Presque tous les livres que j'avais lus avaient été achetés à crédit à leur librairie, rue Carlos III. J'étais également en très bons termes avec les chefs communistes à l'université; nous étions des alliés dans presque tous les combats. Je pensais qu'il était possible de travailler avec des masses populaires importantes possédant des idées potentiellement révolutionnaires. J'ai commencé à mettre ces idées en pratique même avant le coup d'État de Batista du 10 mars 1952.

Betto: Les membres du groupe qui ont attaqué la caserne Moncada faisaient-ils partie de l'aile gauche du Parti orthodoxe?

Castro: C'étaient des jeunes du Parti que je connaissais. Je savais également ce qu'ils pensaient. J'ai commencé à les préparer dès que le coup d'État a eu lieu. J'ai organisé des cellules de combat. Je mettais sur pied une organisation militaire. Je n'avais pas encore de plan bien établi, car cela s'est passé durant les premiers mois qui ont suivi le coup d'État militaire de 1952. Je possédais un plan stratégique à long terme depuis 1951, mais j'avais besoin d'une période de temps d'endoctrinement politique avant de pouvoir le mettre à exécution.

J'ai proposé de former un mouvement révolutionnaire tout de suite après le coup d'État. Politiquement parlant, j'avais même un certain pouvoir. Le Parti orthodoxe allait gagner les élections. Je savais que dans presque toutes les provinces, les personnes à sa tête étaient déjà au service des propriétaires terriens et de la bourgeoisie, comme c'est toujours le cas. Le Parti était virtuellement entre les mains d'éléments réactionnaires et de machines électorales, à l'exception de la province de La Havane, où l'emportait un groupe de politiciens prestigieux et honnêtes, d'intellectuels et de professeurs d'université. On ne trouvait pas là de machine électorale, bien que quelques nantis aient essayé de prendre le contrôle du Parti dans cette province en utilisant les méthodes traditionnelles et le pouvoir de l'argent.

À La Havane, le Parti était relativement fort. Il comptait 80 000 membres qui y avaient adhéré de façon spontanée, et il s'agissait là d'un nombre considérable. Les rangs du Parti ont encore grossi, spécialement après la mort de son fondateur (Chibás), un militant qui possédait une grande influence parmi les masses populaires et qui s'est suicidé à cause d'une controverse qu'il avait soutenue avec le premier ministre. Chibás avait accusé celui-ci d'avoir acheté des biens au Guatemala grâce à des détournements de fonds, mais il n'a jamais pu le prouver. La corruption était alors monnaie courante. Il a engagé une polémique sur ce sujet sans jamais pouvoir apporter la moindre preuve et son désespoir a été tel qu'il s'est suicidé. Le Parti n'avait à toutes fins pratiques plus de chef, mais encore beaucoup de pouvoir.

J'avais déjà annoncé que le Parti orthodoxe allait remporter les élections présidentielles de juin 1952. Je savais également ce qui allait arriver avec ce gouvernement: tout finirait dans la frustration générale. Cependant, j'étais déjà en train de penser à une première étape où j'établirais ma politique et à la seconde, au cours de laquelle je prendrais le pouvoir grâce à une révolution. Je pense que l'une des choses clés que le marxisme-léninisme m'a apprises – et que je savais également de manière intuitive –, c'est que l'on doit s'emparer du pouvoir pour être en mesure de faire la révolution et que rien ne peut être accompli selon les méthodes politiques traditionnelles.

J'ai pensé me servir de certaines situations comme plateforme d'où je pourrais lancer mon programme révolutionnaire, au départ sous forme de lois. C'est ce qui est devenu par la suite le programme de Moncada. Ce n'était pas encore un programme socialiste, mais il pouvait gagner la faveur de la plus grande partie de la population et il s'agissait de la première étape vers le socialisme à Cuba. J'avais élaboré le programme de Moncada bien avant le coup d'État de Batista. J'étais déjà en train d'en former la base avec des habitants des bidonvilles de La Havane et d'autres quartiers pauvres de la ville et de la province. J'ai également travaillé de façon très active avec les membres du Parti orthodoxe.

Étant donné que j'étais déjà avocat, j'entretenais des liens très étroits avec ces quartiers en vue d'une lutte active, dynamique et énergique, appuyée par un petit groupe de camarades. Je n'étais pas au poste de commande, mais je possédais un vaste appui au sein du Parti et une vision révolutionnaire. Tout a changé lorsque le coup d'État est survenu. Il est devenu impossible de mener à bien le programme que j'avais prévu au départ et dans lequel j'avais inclu les soldats, étant donné que je considérais qu'ils étaient victimes de l'exploitation; en effet, on les envoyait travailler dans les fermes privées des magnats, du président et des colonels. Je voyais tout cela, je le dénonçais et j'ai même eu quelque influence dans leurs rangs. Ils manifestaient au moins de l'intérêt pour les dénonciations que j'avais faites sur leur situation. J'avais prévu d'inclure dans le mouvement des soldats, des ouvriers, des fermiers, des étudiants, des professeurs, des professionnels et la classe moyenne – tous ensemble dans un vaste programme.

Quand le coup d'État a eu lieu, tout a changé. J'ai pensé que nous devions retourner à un régime constitutionnel. Il fallait vaincre la dictature militaire. J'ai pensé que nous devions d'abord revenir au statut politique antérieur au coup d'État et que toute la population unirait ses forces pour balayer l'infâme coup d'État réactionnaire de Batista. J'ai commencé à organiser les militants ordinaires du groupe de jeunes du Parti orthodoxe et j'ai également commencé à contacter les chefs de ce parti. Je l'ai fait tout seul. Quelques-uns des chefs m'ont dit qu'ils étaient favorables à une lutte armée. J'étais certain que nous devions renverser Batista par les armes pour pouvoir retourner à l'état politique précédent, à un régime constitutionnel, et j'étais également certain que cela représentait l'objectif que s'étaient fixé tous les partis politiques. J'avais déjà élaboré une première stratégie révolutionnaire qui devait recourir à un vaste mouvement de foule devant être mis en place par des moyens constitutionnels. Je pensais que tout le monde s'unirait dans le but de renverser le régime de Batista, y compris les partis qui avaient été au gouvernement et ceux de l'opposition – tout le monde.

J'ai commencé à organiser les premiers combattants, les premiers guerriers, les premières cellules au cours des premières semaines. J'ai créé un petit journal grâce à une ronéo et mis sur pied des stations de radio clandestines. J'ai fait cela en premier. Nous nous sommes fait arrêter plusieurs fois; ces expériences nous ont été très utiles par la suite et, lorsque le moment est venu de les mettre en pratique, nous nous sommes montrés extrêmement prudents dans le choix de nos cadres et dans la façon de protéger la sécurité de notre organisation. C'est alors que nous sommes devenus de vrais conspirateurs et que nous avons commencé à organiser les premiers noyaux de ce que nous pensions être le fer de lance d'une lutte dans laquelle tous les partis et toutes les forces s'uniraient. J'ai commencé comme cela au Parti orthodoxe et j'y ai rencontré beaucoup de jeunes gens très sérieux. Avec l'aide de plusieurs camarades qui m'ont appuyé dès le début, je les ai recrutés, parmi les ouvriers, dans les quartiers les plus pauvres de La Havane et d'Artemisa: Abel Santamaría[55], Jésús Montané, Ñico López[56] et d'autres – un tout petit groupe.

Je suis devenu cadre professionnel. De ses débuts jusqu'à la période précédant l'attaque de la caserne Moncada, le 26 juillet 1953, le Mouvement n'avait qu'un seul cadre professionnel: moi. Abel s'est joint à moi quelques jours avant l'attaque. Nous avons donc été deux cadres pendant le dernier mois.

Nous avons organisé le Mouvement en à peine quatorze mois et il comptait à la fin 1 200 membres. J'ai parlé à chacun d'entre eux et j'ai organisé chaque cellule, chaque groupe parmi ces 1 200 personnes ! Savez-vous combien de kilomètres j'ai parcourus en voiture avant l'attaque de la caserne Moncada ? Quarante mille ! Tous ces efforts avaient un seul but : l'organisation, l'entraînement, et le rassemblement de l'équipement nécessaire. Combien de fois ai-je rencontré les futurs guerriers et partagé mes idées avec eux, et combien de fois je leur ai donné des instructions !

Au fait, l'auto que nous utilisions n'avait pas été payée. Étant donné que j'étais un cadre professionnel et que j'avais beaucoup de factures en suspens, Abel et Montané m'ont soutenu financièrement et ont payé la voiture.

C'est ainsi que nous avons créé une organisation disciplinée, avec des jeunes gens honnêtes et déterminés qui possédaient des idées patriotiques et progressistes. Il est certain que nous nous organisions pour combattre la dictature. Nous n'avions pas l'intention d'être les meneurs du combat. Nous voulions seulement coopérer de toutes nos forces. Il y avait déjà, dans cette lutte, beaucoup de chefs politiques bien connus, ainsi que des personnalités en vue. Puis, est venue l'étape où nous avons conclu que tout était une fraude, que tout était faux, que tout était impossible. C'est alors que nous avons décidé d'élaborer notre plan d'action. Cela a tout changé.

ÉPILOGUE*

Je me sens inspiré par le spectacle grandiose qu'offrent les grandes révolutions de l'histoire, parce qu'elles ont toujours représenté le triomphe des objectifs qui concrétisent le bien-être et le bonheur d'une vaste majorité de personnes opposées à un petit groupe de gens qui défendent leurs intérêts financiers.

Savez-vous quel est l'épisode de l'histoire qui m'émeut vraiment? La révolution des esclaves noirs à Haïti. À une époque où Napoléon imitait César et où la France ressemblait à Rome, l'esprit de Spartacus a repris vie chez Toussaint L'Ouverture. On a accordé si peu d'importance au fait que les esclaves africains se soient révoltés et aient formé une république libre, mettant ainsi en échec les plus grands généraux de Napoléon! Il est vrai qu'Haïti n'a pas beaucoup progressé depuis cette époque, mais les autres républiques d'Amérique latine ont-elles mieux réussi?

Je n'ai cessé de penser à ces choses, parce qu'en toute franchise, je serais immensément heureux de transformer radicalement ce pays! Je suis sûr que la population au grand complet le serait aussi et, pour elle, je serais prêt à m'attirer la haine et la mauvaise volonté de quelques milliers de personnes, y compris de certains membres de ma famille, de la moitié de mes relations, des deux tiers de mes collègues de travail et des quatre cinquièmes de mes anciens camarades d'école.

---

* *Tiré d'une lettre de Fidel Castro, écrite en prison le 5 avril 1954.*

NOTES

1. Tad Szulc, *Fidel: A Critical Portrait*, p. 23.
2. Citation de Herbert Matthews, *The Cuban Story*, p. 140.
3. Extrait d'une interview publiée dans le livre de Lee Lockwood, *Castro's Cuba, Cuba's Fidel*, p. 158. Une référence nous apprend que Fidel Castro s'était présenté comme candidat aux élections prévues pour 1952 – élections qui n'eurent jamais lieu à cause du coup d'État de Batista. Dans l'un de ses écrits de prison daté du 2 avril 1954, Castro réfléchit sur la première candidature qu'il a présentée pour entrer au gouvernement: «La politique est un vrai canular! Mon expérience personnelle me montre que même si les meilleurs politiciens et les meilleurs partis sont au pouvoir, la politique est insupportable. Je me souviens encore de toutes ces réunions auxquelles participaient, de façon fanatique et sans jamais avoir l'air d'en avoir assez, tant d'adorateurs d'idoles politiques qui restaient assis pendant des heures à écouter les discours de 20 différents orateurs qui étaient en proie à une véritable compétition verbale au cours de laquelle ils disaient tous la même chose [...] J'en ai conclu que notre peuple est doué d'une patience et d'une gentillesse infinies. À bien y penser, assis dans ma cellule, je n'arrive pas à comprendre pourquoi ils applaudissaient plutôt que de lancer leurs sièges à la tête de ces charlatans. Tous ces politiciens se comportent comme des acteurs de théâtre: ils jouent leur rôle, reçoivent les applaudissements du public, et sont condamnés s'ils pensent à autre chose qu'à la journée des élections, qui les obsède totalement.
   «J'étais l'un d'entre eux, et cela ne peut être dû qu'à mon manque d'expérience, de l'environnement dans lequel je vivais et à l'incapacité de faire autre chose quand on a la tête bouillonnante d'idées. J'étais un des acteurs dans ce cirque. Comme Archimède, j'étais à la recherche du levier qui allait faire bouger le monde. Au plus profond de moi, tout cela me dégoûtait; je voyais partout l'hypocrisie et la médiocrité, et le temps a prouvé que mon instinct ne m'avait pas trompé.» Citation de Mario Mencía, *The Fertile Prison: Fidel Castro in Batista's Jails*, p. 134.
4. *Castro's Cuba*, chap. XIX.
5. Lionel Martin, *The Early Fidel: Roots of Castro's Communism*, p. 72.
6. Georgie Anne Geyer, *Guerilla Prince*, p. 391.

7. Andres Oppenheimer, *Castro's Final Hour: The Secret Story Behind the Coming Downfall of Communist Cuba*, p. 9.
8. Par Herbert Matthews, dans *Castro: A Political Biography*, p. 23.
9. Tad Szulc: *A Critical Portrait*, p. 23.
10. Fidel Castro, *Fidel in Chile: A Symbolic Meeting Between Two Historical Processes*, p. 85.
11. *Ibid.*
12. *Ibid.*, p. 85-87.
13. *Ibid.*, p. 85.
14. Jesús Montané, Préface, *Che: A Memoir, by Fidel Castro*, p. 14-15.
15. Citation de Montané dans sa préface de *Che: A Memoir, by Fidel Castro*, p. 14.
16. *Fidel and Religion: Conversation with Frei Betto*, a été publié en anglais par Ocean Press.
17. Ce discours a été publié d'abord en anglais par Ocean Press, à Cuba, sous le titre: *At the Crossroads*, par Fidel Castro.
18. L'entrevue d'Alape a été publiée dans un livre intitulé *De Los Recuerdos de Fidel Castro: El Bogotazo y Hemingway* (Editora Politica, La Havane, 1984).
19. Cet ouvrage a été écrit en 1987.
20. Administrateur américain qui, à la fin du siècle dernier, remit sur pied la Chrysler Corporation, alors en pleine déconfiture, et organisa la délicate rénovation de la statue de la Liberté. (N.d.T.)
21. L'entrevue a été publiée par Ocean Press: *An Encounter with Fidel* (1991).
22. En décembre 1956, Fidel Castro, accompagné de 81 partisans, est parti du Mexique sur un yacht, le *Granma*, pour rejoindre les côtes cubaines et commencer la guérilla dont le point culminant a été la chute de la dictature de Batista.
23. Le 26 juillet 1953.
24. Le général Gerardo Machado a été le président de Cuba de 1925 à 1933. Il était réputé pour sa politique proaméricaine et pour la répression brutale qu'il a exercée contre l'opposition. Il a finalement fui Cuba en 1933, un mois avant la « Révolte des sergents » menée par le sergent Fulgencio Batista, le 5 septembre 1933.
25. Le Parti révolutionnaire cubain (le Parti de l'authenticité) a été fondé en juin 1934 par Ramón Grau San Martin et d'autres opposants de l'ex-président Machado.

26. Batista a conduit la « Révolte des sergents », en septembre 1933. À la suite d'élections que l'on savait truquées, il est élu président de 1940 à 1944. Il quitte ensuite Cuba pour aller vivre aux États-Unis, et revient à Cuba en 1948. Le 10 mars 1952, à la suite d'un coup d'État militaire, le général Batista renverse le gouvernement du président Carlos Prío, qui était à la tête du Parti de l'authenticité. Batista a finalement fui Cuba en janvier 1959, après la victoire des forces révolutionnaires menées par Fidel Castro.

27. Ana Fidelia Quirot est une athlète cubaine renommée pour ses succès sur piste et pelouse.

28. Le général Gerardo Machado Morales a été le président de Cuba du mois de mai 1925 jusqu'en août 1933.

29. Batista est arrivé au pouvoir grâce à la « Révolte des sergents », en septembre 1933, contre le président Carlos Manuel de Cespedes, qui avait reçu un mandat des États-Unis. L'opposition comptait dans ses rangs des militaires, des étudiants militants et des membres de groupes révolutionnaires.

30. Après la Révolte des sergents, une junte, dont Ramón Grau San Martin faisait partie, a dirigé le pays pendant cinq jours, après quoi, ce dernier fut nommé président par les insurgés. Les États-Unis ont cependant refusé de reconnaître ce gouvernement et ont fait pression sur Batista pour qu'il coupe net avec les insurgés. Avec l'appui de l'ambassadeur des États-Unis, Batista a défait Grau le 15 janvier 1934.

31. Antonio Guiteras a été un des chefs de la révolution de 1933 et un anti-impérialiste fervent. En tant que membre du gouvernement provisoire, il a émis beaucoup de décrets anti-impérialistes et des mesures nationalistes visant des réformes sociales, y compris des lois réglant la journée de huit heures et le salaire minimum. À la suite du coup d'État de janvier 1934, Batista a entrepris une très forte répression dans laquelle des milliers de révolutionnaires furent assassinés, y compris Guiteras.

32. Julio Antonio Mella a fondé la Fédération des étudiants universitaires (FEU) en 1923 et le Parti communiste cubain en 1925. Sous la présidence du dictateur Machado, Mella a été emprisonné et a fait une grève de la faim. Lorsqu'il a été libéré plus tard, il s'est exilé au Mexique, où il fut assassiné par des agents du dictateur Batista.

33. Rubén Martínez Villena a été un nationaliste et un anti-impérialiste, avec Mella, Guiteras et Chibás (le chef du Parti orthodoxe). Il s'est opposé à la fois à Machado et à Batista, et a formé le gouvernement révolutionnaire de 1933-1934.

34. Le Parti du peuple cubain, appelé également « Parti orthodoxe », a été fondé en 1947 par Eduardo Chibás, un chef progressiste du

mouvement réformiste. Celui-ci avait également été un leader politique lors du mouvement révolutionnaire de 1933. Il a été très respecté pour la campagne qu'il a menée contre le vol et la corruption gouvernementale.

35. Cayo Confites, un poste clé au nord de Cuba, était le site d'un camp d'entraînement dans la province d'Oriente. C'est à partir de là que fut organisée, en 1947, une expédition armée contre le dictateur dominicain Trujillo. Le projet d'attaque fut abandonné quelques mois plus tard, et l'expédition armée n'a jamais quitté Cuba. Les 1 500 participants, Dominicains et Cubains, dont Fidel Castro faisait partie, furent emprisonnés à La Havane. Fidel Castro fut l'un des rares à échapper à ce sort. Tous les prisonniers furent relâchés après avoir entamé une grève de la faim.

36. Rafael Trujillo Molina (1891-1961) était un militaire dominicain qui s'était porté, sans opposition, candidat aux élections présidentielles en République dominicaine en 1930. Il a contrôlé le pays en dictateur jusqu'en 1961, lorsqu'il fut assassiné. En 1946, il a promulgué une amnistie pour les communistes exilés, mais lorsqu'ils sont retournés en République dominicaine, il les a tous fait exécuter. C'est après cela que fut planifiée l'expédition de Cayo Confites.

37. Pedro Albizu Campos était un nationaliste portoricain. Il a été le chef du Parti nationaliste et du Mouvement pour l'indépendance de Porto Rico.

38. Julián Alemán a été ministre de l'Éducation au sein du gouvernement Grau San Martín. Il s'est engagé dans des actes de corruption et de détournement de fonds, y compris ceux destinés au ministère de l'Éducation. Il a été la cible de toutes les forces anti-Grau et a été assassiné un peu plus tard par les sbires de Batista.

39. L'Organisation des États américains (OEA) a décidé de tenir une conférence à Bogotá, en Colombie, du 30 mars au 2 mai 1948. Sa charte est entrée en vigueur en décembre 1951 et, plus tard, elle devint, pour les États-Unis, un moyen de contrôler l'Amérique latine ainsi que l'opposition révolutionnaire à Cuba. L'OEA contrait également les initiatives soviétiques.

40. Voir le chapitre suivant pour un récit plus détaillé de la participation de Fidel Castro à l'insurrection de Bogotá.

41. Raúl Roa (1907-1982) a été exilé dans les années 1930 et a aidé à fonder l'Organisation révolutionnaire cubaine anti-impérialiste. En 1940, il est devenu assistant doyen de la faculté des Sciences sociales de La Havane. Il en a été le doyen jusqu'en 1963. Après la révolution cubaine de 1959, il a été nommé ambassadeur de Cuba à l'Organisation des États américains, et a été ministre des relations extérieures pendant plus de dix ans.

42. Le Parti socialiste populaire était le Parti communiste cubain.

43. Le chef du Parti orthodoxe, Eduardo Chibás, s'est suicidé en public en 1951 pour protester contre la corruption gouvernementale.

44. *L'histoire m'acquittera* a été la plaidoirie prononcée par Fidel Castro lors de son procès tenu en secret, le 16 octobre 1953, à la suite de l'attaque contre la caserne Moncada, le 26 juillet. Ce discours est sorti clandestinement de la prison de l'île des Pins et a été publié sous forme d'un pamphlet, qui est devenu le programme de base du combat révolutionnaire, connu sous le nom de « Programme de Moncada ».

45. Le 10 mars 1952, Batista est sorti vainqueur d'un coup d'État, a suspendu la Constitution du pays et est devenu le dictateur de Cuba.

46. José Antonio Etchevarría a été le chef du Directorat révolutionnaire qui a signé un pacte avec le Mouvement du 26 juillet en septembre 1956, au Mexique, unifiant ainsi la jeunesse cubaine et les forces révolutionnaires contre la dictature de Batista. Il a été tué lors d'un assaut contre le palais présidentiel à La Havane en mars 1957. Il avait 24 ans.

47. Le Triple A était une organisation clandestine dirigée par Aureliano Sanchez, un des anciens ministres du gouvernement de Carlos Prío, qui avait été renversé par Batista.

48. Le 27 novembre 1871, huit étudiants en médecine ont été exécutés à La Havane par le régime colonial espagnol.

49. Carlos Manuel de Céspedes (1819-1874) et Ignacio Agramonte (1841-1873) ont été des personnages-clés dans la lutte de Cuba pour obtenir son indépendance de l'Espagne.

50. Lieu situé dans la partie nord de Cuba.

51. Juan Perón a été le président de l'Argentine de 1944 à 1955 et de 1973 jusqu'à sa mort en 1974.

52. Blas Roca (1908-1987) a été le secrétaire général du Parti communiste cubain (connu plus tard sous le nom de Parti socialiste populaire et d'Union révolutionnaire communiste) de 1934 à 1961, lorsque le parti a fusionné avec le Mouvement du 26 juillet et le Conseil d'administration révolutionnaire pour devenir les « Organisations révolutionnaires intégrées ».

53. Frank País était un jeune révolutionnaire qui a cherché à relier le mouvement étudiant de la province d'Oriente à la lutte des paysans et des ouvriers. Il a joué un rôle important dans le mouvement clandestin jusqu'à ce qu'il soit capturé et assassiné, en juillet 1957, par les forces de Batista.

54. Station de radio américaine diffusant sur Cuba depuis 1985.

55. Abel Santamaría a été capturé, torturé et exécuté après l'assaut contre la caserne Moncada, le 26 juillet 1953.

56. Ñico Lopéz a été l'un des membres fondateurs du Mouvement du 26 juillet. Il a été capturé et tué après le débarquement lors de l'expédition *Granma*, en décembre 1956.

Ce volume a été achevé d'imprimer au Canada
en août 2003